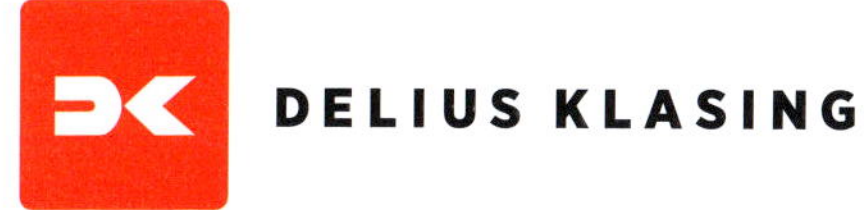
DELIUS KLASING

AUFBAUKURS

ORIENTIERUNG BEIM TAUCHEN

AUFBAUKURS

GRUPPENFÜHRUNG

VERBAND DEUTSCHER
SPORTTAUCHER

DELIUS KLASING VERLAG

Inhalt

Vorwort

Mit dem Abschluss des Deutschen Tauchsportabzeichens* (DTSA*/CMAS*) hast du die Grundfertigkeiten des Tauchens erlernt, die dich zum Tauchen in Begleitung eines erfahrenen Tauchers befähigen sollen. Sicherlich hast du nun nach vielen begleiteten Tauchgängen auch selbst den Wunsch, Tauchgänge zu führen. Vielleicht ist es auch gar nicht immer so leicht, einen VDST-CMAS-Taucher** oder einen VDST-CMAS-Taucher*** zu finden, um gemeinsam tauchen zu gehen. Zu diesem Zweck solltest du dann das Deutsche Tauchsportabzeichen** (DTSA**/CMAS**) angehen, welches dich dazu befähigen soll, mit anderen VDST-CMAS-Tauchern** Tauchgänge zu planen, vorzubereiten und durchzuführen.

Dazu gehört natürlich auch das Erlernen der Orientierung und der Führung von Tauchgruppen. Weil dies eine ausführliche Ausbildung erfordert, die deshalb nicht im Rahmen der Übungstauchgänge zum DTSA**/CMAS** erfolgen kann, haben wir im Rahmen unseres Ausbildungssystems spezielle Aufbaukurse dazu geschaffen, welche dir intensiv die erforderlichen Kenntnisse und Fertigkeiten vermitteln sollen.

Dazu wurde mit diesem Buch eine praxisgerechte Begleitung geschaffen, die es dir ermöglichen soll, parallel zum Besuch des Aufbaukurses die notwendigen Kenntnisse in Theorie und Praxis nachzuschlagen. Das Buch folgt dabei der Gliederung des jeweiligen Aufbaukurses und vermittelt in einfacher Art die Grundlagen und die praktische Umsetzung. Damit du selbst feststellen kannst, ob du den Lehrstoff verstanden hast, befinden sich am Ende Fragen zur Lernerfolgskontrolle. Diese können von dir als Selbstcheck oder von deinem Ausbilder genutzt werden, um einen Eindruck von der Zielerreichung zu erhalten. Natürlich werden zu allen Lernerfolgskontrollen auch Musterantworten gegeben.

Dieses Buch, in das die langjährige Erfahrung im Bereich der Tauchausbildung eingeflossen ist, kann natürlich den Besuch eines Aufbaukurses bei einem guten Ausbilder nicht ersetzen. Es soll aber den Kurs begleiten, dem Ausbilder eine Hilfe bei der Ausgestaltung und dir ein wertvolles Nachschlagewerk für deine weitere Ausbildung sein. Die Aufbaukurse Orientierung beim Tauchen und Gruppenführung können nur die Grundlagen vermitteln. Die notwendige Erfahrung in der Orientierung und in der Gruppenführung erlangst du erst durch anschließendes regelmäßiges Tauchen und Anwendung der erlernten Fertigkeiten.

Einleitung

Im Verband Deutscher Sporttaucher e.V. (VDST) haben wir als Ausbildungsstufen für Taucher die drei Stufen DTSA*, DTSA** und DTSA***, die gleichzeitig von der Weltorganisation CMAS als CMAS*, CMAS** und CMAS*** anerkannt werden. Diese Ausbildungsstufen unterscheiden sich in der damit erreichten Qualifikation.
Der VDST-CMAS-Taucher* soll an Tauchgängen, die je nach Tauchtiefe von einem erfahrenen VDST-CMAS-Taucher** oder VDST-CMAS-Taucher*** geführt werden, sicher teilnehmen können. Der VDST-CMAS-Taucher** soll Tauchgänge sicher planen und durchführen können, und der VDST-CMAS-Taucher*** soll Tauchgänge unter erschwerten Bedingungen und auch einfache Tauchgänge mit unerfahrenen Tauchern sicher planen und durchführen können. Da diese zusätzlichen Kenntnisse nicht allein bei den zugehörigen fünf Übungstauchgängen vermittelt werden können, kommt der Zeit zwischen den Brevets eine besondere Bedeutung zu. In dieser Zeit sollte durch regelmäßiges Tauchen Erfahrung gesammelt werden, und die zusätzlich für das nachfolgende Brevet erforderlichen Kenntnisse werden aufbauend auf dem bereits absolvierten Brevet mithilfe von Aufbaukursen vermittelt.

VDST Ausbildungsstufen

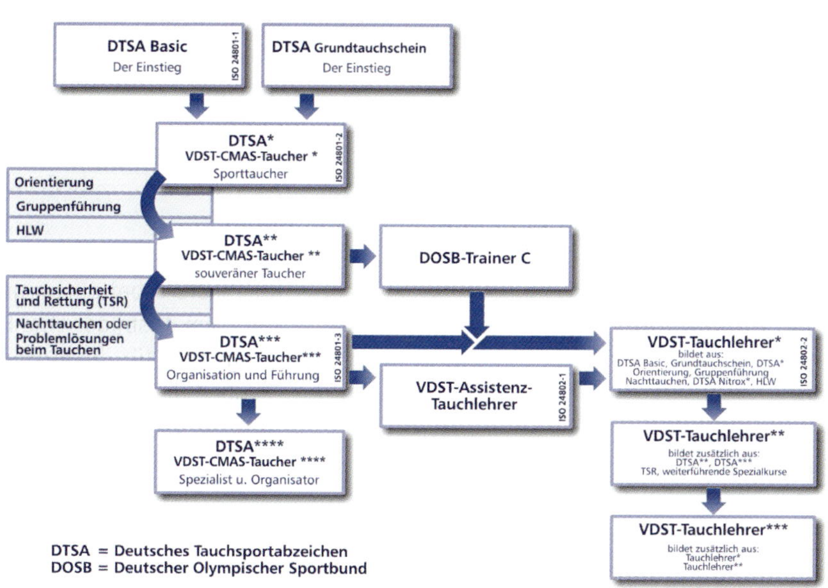

Auf dem Weg vom DTSA* zum DTSA** sind dies die Aufbaukurse »Orientierung beim Tauchen«, »Gruppenführung« und »Herz-Lungen-Wiederbelebung«, weil diese speziellen Kenntnisse und Fertigkeiten für das autonome Tauchen erforderlich sind. Bei jedem Tauchgang tauchen wir mindestens zu zweit, sind also immer in einer Gruppe. Innerhalb einer Gruppe ist es erforderlich, sich zu verständigen, sich abzustimmen und meistens gemeinsame Ziele zu verfolgen. Um dies zu erreichen, gehört die Führung einer Gruppe elementar zu jedem Tauchgang. Da der Gruppenführer die Gruppe zu dem gewünschten Ziel und auch wieder zurück zum Ausgangspunkt zu führen hat, benötigt er Kenntnisse in der Orientierung. Daher sind die beiden Aufbaukurse Gruppenführung und Orientierung beim Tauchen so wichtig, deren theoretische und praktische Inhalte in diesem Buch anschaulich vermittelt werden.

VDST
Verband Deutscher Sporttaucher e. V.

Die Unterwasserwelt mit all ihren Schönheiten und Erlebnismöglichkeiten selbst aktiv zu entdecken und kennen zu lernen, ist für viele der entscheidende Anreiz, im Tauchen mehr als nur ein Hobby zu sehen. Viele lassen sich von der einzigartigen Schönheit der Korallenriffe faszinieren, andere genießen die Schwerelosigkeit im weiten Blau des Meeres und der Seen und wieder andere treibt der sportliche Eifer unter die Wasseroberfläche. Abenteuer und Mystik sind beim Tauchen natürlich immer dabei. Doch ganz gleich welche Motive zum Sporttauchen führen, am Anfang eines jeden Taucherdaseins steht eine fundierte und professionelle tauchsportliche Ausbildung; nur so sind die größtmögliche Sicherheit und die Freude beim Tauchen garantiert.
Mitglieder im VDST sind neben den Sporttauchern auch die Tauchsportvereine und Landestauchsportverbände in ganz Deutschland. Dazu kommen die weltweit angeschlossenen Tauchbasen und Tauchschulen in Deutschland und im Ausland, die ebenfalls nach seinen Standards ausbilden. Mit einer Gesamt-Mitgliederzahl von mehr als 75.000 Mitgliedern ist er der größte Non-profit-Tauchsportverband Europas. In seinen rund 1.000 Vereinen bietet der VDST die besten Möglichkeiten, das Sporttauchen zuverlässig, kostengünstig und vor allem sicher zu erlernen und auszuüben – das Trainieren im Hallenbad eingeschlossen.
Jedes Verbandsmitglied profitiert dabei von einem umfangreichen Versicherungspaket mit Tauchunfall-, Haftpflicht- und Rechtsschutzversicherung. Eine medizinische Notfall-Hotline ist bei Tauchunfällen aber auch bei allen anderen Erkrankungen oder Unfällen 24 Stunden am Tag für VDST-Mitglieder da. Sogar eine ganz allgemeine Auslandreisekrankenversicherung ist im VDST-Mitgliedsbeitrag bereits inklusive.
Als deutscher Vertreter des Welttauchsportverbandes, der Confédération Mondiale des Activités Subaquatiques (CMAS), bietet der VDST seinen Mitgliedern eine international anerkannte Brevetierung. Das hohe Qualitätsniveau seiner Ausbildung ist durch die »European Underwater Federation« (EUF) nach europäischen Normen zertifiziert.

AUFBAUKURS ORIENTIERUNG BEIM TAUCHEN

Wenn du eine Gruppe unter Wasser führst, gehört es selbstverständlich dazu, dass du sie auch zu ihrem Zielpunkt und wieder zurück zum Ausgangspunkt bringst. Neben der Gruppenführung ist hierzu die richtige Orientierung erforderlich. Du benötigst die Kenntnis, wo du dich befindest und wie du von einem Ort zum anderen gelangen kannst. Dies umfasst die Qualifikation zum VDST-CMAS-Taucher**. Daher muss dies auch auf dem Weg dorthin ausgebildet werden. Da diese Ausbildung sowohl theoretische Kenntnisse als auch mehrere Tauchgänge mit praktischen Übungen umfasst, wird dies dem DTSA** als Aufbaukurs Orientierung beim Tauchen vorgeschaltet.

1. Rahmenbedingungen

1.1 Voraussetzungen

Um an einem Aufbaukurs Orientierung beim Tauchen teilnehmen zu können, benötigst du einige Voraussetzungen. Dazu gehört eine gewisse Erfahrung im Tauchen durch Tauchgänge, die du seit deinem DTSA* in Begleitung eines erfahrenen Tauchers gemacht hast. Die genauen Bestimmungen zu den Voraussetzungen können durchaus von Zeit zu Zeit verändert werden. Die jeweils aktuellen Voraussetzungen kannst du der VDST-Spezialkurs-Ordnung entnehmen.
Derzeit gelten die folgenden Voraussetzungen:

Mindestalter: 14 Jahre; bei Minderjährigen ist die Einverständniserklärung der sorgeberechtigten Eltern (in der Regel beider Elternteile) erforderlich.

Ausbildungsstufe: DTSA*; ersatzweise genügt eine vergleichbare Qualifikation entsprechend der VDST-Äquivalenzliste

Anzahl der Pflichttauchgänge: 10

Sonstiges: Gültige Tauchtauglichkeitsbescheinigung

Natürlich stellt die Zahl der Pflichttauchgänge nur eine Untergrenze dar. Es hängt von deinen individuellen Kenntnissen und Fertigkeiten ab, nach wie vielen Tauchgängen du dich mit der Orientierung beim Tauchen beschäftigen solltest. Jedenfalls solltest du ausreichende taucherische Fertigkeiten besitzen, sodass du beim Tauchen nicht mehr so sehr mit dir selbst beschäftigt bist und dich auch auf die zusätzliche Aufgabe der Orientierung konzentrieren kannst.

1.2 Organisatorischer Rahmen

Zum Aufbaukurs Orientierung beim Tauchen gehören drei Theorieeinheiten und vier Tauchgänge, wobei die Führung und Orientierung der meisten dieser Tauchgänge von jedem Kursteilnehmer durchzuführen ist und somit die Tauchgänge auch mehrfach mit wechselnden Rollen stattfinden. Dafür werden mindestens zwei Tage benötigt, idealerweise an zwei aufeinander folgenden Tagen zum Beispiel an einem Wochenende in einem heimischen Gewässer oder auch im Rahmen eines längeren Aufenthaltes an einer Tauchbasis am Meer.
Die Anzahl der Teilnehmer sollte maximal doppelt so hoch sein wie die der Ausbilder, damit ein Verhältnis von einem Ausbilder zu zwei Teilnehmern erreicht wird. Jeder Tauchgang wird nacheinander von jedem Teilnehmer in der Rolle des für die Orientierung zuständigen Gruppenführers durchgeführt.
Für den theoretischen Teil werden drei Lerneinheiten angesetzt. Für den theoretischen Unterricht sollte möglichst ein geeigneter Unterrichtsraum vorhanden sein, der sich möglichst in der Nähe des Tauchgewässers befindet. Für Trockenübungen sollte eine große Fläche, zum Beispiel eine Wiese oder ein freier Parkplatz, zur Verfügung stehen.
Die vier Tauchgänge können im Binnensee oder im Meer stattfinden. Das Tauchgewässer sollte möglichst gute Rahmenbedingungen hinsichtlich Sichtweite, Topografie, Strömung und Wellengang haben.
Falls der Kurs an einem Binnengewässer stattfindet, kann der Kurs nur bei passenden Rahmenbedingungen insbesondere hinsichtlich der Sichtweiten durchgeführt werden. Das Gewässer sollte auch über eine befestigte Zufahrt und einen einfachen umweltschonenden Einstieg verfügen. Im Rahmen des Kurses ist durch die Ausbilder eine Notfallorganisation vorzunehmen, d. h. es wird eine Tauchgangsliste geführt, Rettungsmittel stehen bereit und das Einleiten einer Rettungskette mit Notruf ist geklärt.

1.3 Ausbildungsziel

Du sollst erkennen, weshalb Orientierung unter Wasser wichtig ist, die Gefahren aus mangelnder Orientierung einschätzen können, natürliche und technische Hilfsmittel sowie deren Vor- und Nachteile sowie Grenzen kennenlernen. Du sollst auch die Maßnahmen bei Verlust der Orientierung im Binnensee und im Meer und die Besonderheiten bei Nachttauchgängen kennen.
Du sollst in die Lage versetzt werden, während des Tauchganges deinen Tauchkurs und Standort zu bestimmen und sicher zum Ausgangspunkt des Tauchganges zurückfinden. Nach Abschluss des Kurses sollst du

- natürliche Hilfsmittel zur Orientierung kennen und anwenden können,
- technische Hilfsmittel zur Orientierung kennen und anwenden können sowie
- Tauchgänge mithilfe dieser Hilfsmittel sicher beherrschen können.

2. Warum ist Orientierung beim Tauchen erforderlich?

Wenn du weißt, wo du bist, kannst du sein, wo du willst.

Dieser Spruch drückt bereits einfach aus, worauf es ankommt, um zu einem Ziel zu gelangen. Wir benötigen dazu eine gute Kenntnis unserer Position, der Ziel-Position und des Weges dorthin. Genau das ist Orientierung.
Der Hauptgrund für eine gute Orientierung ist die Sicherheit. Nur wenn wir den Weg und die Zeit zu unserem Ausgangspunkt kennen und vorher planen, können wir mit ausreichend Luft wieder zum Ausgangspunkt zurückkehren und ihn überhaupt wiederfinden. Wird der Ausgangspunkt, also das Ufer oder das Boot, nicht in angemessener Zeit gefunden, so bleibt aufgrund des begrenzten Luftvorrats nur der Weg an die Wasseroberfläche. Dann müssen wir ggf. im freien Wasser auftauchen, weil wir bei weiterem Suchen in Luftnot geraten würden oder weil nur so eine erneute Peilung des Zielpunktes möglich ist. Ein Auftauchen im freien Wasser ist immer schwieriger als ein Aufstieg an der Uferböschung oder an einer Riffkante. Schon beim Auftauchen im freien Wasser ohne Grundsicht ist bei Strömung ein unbemerktes Abtreiben wahrscheinlich.
An der Oberfläche haben wir dann zwar in der Regel wieder guten Sichtkontakt zum Ufer oder Boot, sind aber noch nicht da angelangt. Dann bleibt fast nur die Möglichkeit, an der Wasseroberfläche zum Zielpunkt zurückzuschnorcheln. Solche

Schnorchelstrecken sind je nach Entfernung recht anstrengend, langsamer als unter Wasser und erfordern auch weiter einen guten Zusammenhalt der Tauchgruppe. Bei untrainierten Tauchern kann hier leicht Erschöpfung oder ein Essoufflement eintreten. Wenn noch dazu Strömung herrscht, besteht die Gefahr des Abtreibens. Taucht die Gruppe zu weit vom Boot entfernt auf, so bleibt oft keine andere Möglichkeit, als mit dem Schlauchboot oder gar mit dem Tauchboot selbst die abgetriebene Gruppe wieder einzuholen. Wenn dann noch andere Taucher an der ursprünglichen Bootsposition im Wasser sind, müssten diese allein gelassen werden. Solche Bootsmanöver können also Folgeprobleme nach sich ziehen und sind daher unbedingt zu vermeiden.
Ein Wiederauftauchen am Ausgangspunkt ist daher ein wesentliches Sicherheitselement und erfordert eine gute Orientierung.

Unser Ziel ist es, am Ausgangspunkt Boot oder Ufer wieder aufzutauchen.

Unter Wasser sind die Bedingungen für die Orientierung jedoch verändert und eingeschränkt. Je nach Sichtweite kann die Orientierung in der Horizontalen erheblich reduziert sein. Während im Meer noch Sichtweiten von mehr als zwanzig Metern möglich sind, kann die Sichtweite in Seen auch weniger als vier Meter betragen. Die Orientierung in der Vertikalen ist mithilfe der Tiefenanzeige oder mit optischen Bezugspunkten durchaus möglich, aber ohne diese können wir anhand unserer Sinne nicht feststellen, ob und wie weit wir die Tiefe ändern. Lediglich durch den Druck auf den Ohren erkennen wir, dass die Tiefe zunimmt. Da eine schlechte Orientierung auch beim Tauchen Unsicherheit und damit Folgeprobleme hervorrufen kann, ist die Orientierung unter Wasser eine Grundvoraussetzung für das sichere Tauchen.
Bei unzureichender Orientierung besteht auch das Risiko, unbeabsichtigt in Gefahrenzonen zu tauchen, die nicht zu betauchen sind, oder in gesperrte Umweltzonen. Wir benötigen also spezielle Techniken, mit deren Hilfe wir uns unter Wasser bewusst orientieren können. Die Kenntnis dieser Orientierungstechniken und die Fertigkeit bei deren Anwendung wird daher in diesem Aufbaukurs Orientierung beim Tauchen vermittelt.
Der Kurs kann dabei natürlich nur die Grundlagen setzen. Erst durch viele Tauchgänge, Übung und Anwendung der Techniken kommt die Erfahrung hinzu, um sich wie selbstverständlich neben dem eigentlichen Taucherlebnis zu orientieren.

3. Grundlagen der Orientierung

3.1 Grundlagen

Die Orientierung des Menschen erfolgt anhand verschiedener Sinne, aber auch aufgrund von Erfahrungen und vom räumlichen Vorstellungsvermögen.

Wir orientieren uns über Wasser hauptsächlich mithilfe des Sehens, aber auch der Lage- und Gleichgewichtssinn hilft uns verbunden mit der Schwerkraft, uns auch nach räumlichen Lageänderungen wieder zurecht zu finden. Zusätzlich greifen wir zur Orientierung auf Landkarten zurück, und Navigationssysteme sind aus unseren Autos nicht mehr wegzudenken.

Viele dieser Möglichkeiten fehlen unter Wasser oder sind nur eingeschränkt verfügbar. Eine Funk- oder Satellitennavigation ist unter Wasser nicht wie an der Luft möglich, ein für die Praxis taugliches System gibt es für das Tauchen nicht.

Kartenmaterial hingegen gibt es für die bekannten Tauchgebiete, und es empfiehlt sich daher vor jedem Tauchgang, sich anhand von Karten zunächst ein Bild von dem Gebiet zu machen. Für das Tauchen ist jedoch nicht nur die Draufsicht relevant, sondern vor allem auch das Tiefenprofil. Daher muss bei Unterwasserkarten versucht werden, den dreidimensionalen Raum abzubilden. Dies geschieht wie in Seekarten durch das Einzeichnen von Tiefenlinien. »Denken wir uns das Wasser einfach mal weg«, lautet ein einfacher Spruch, um sich ein optisches Bild von der zu erwartenden Landschaft unter Wasser zu machen.

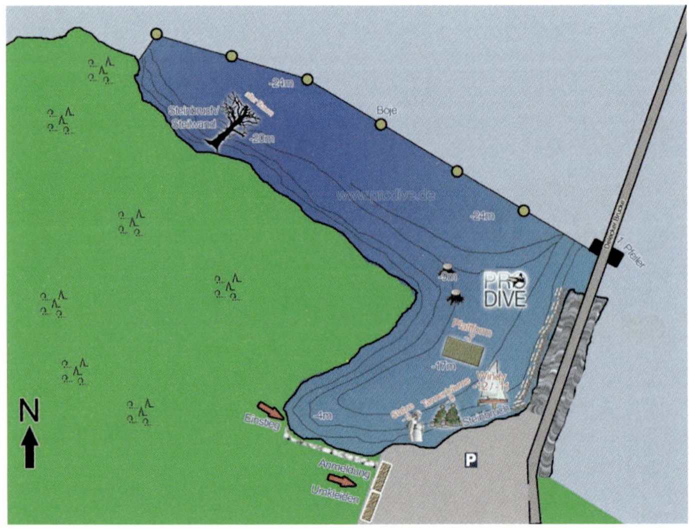

Seekarte Tauchgebiet

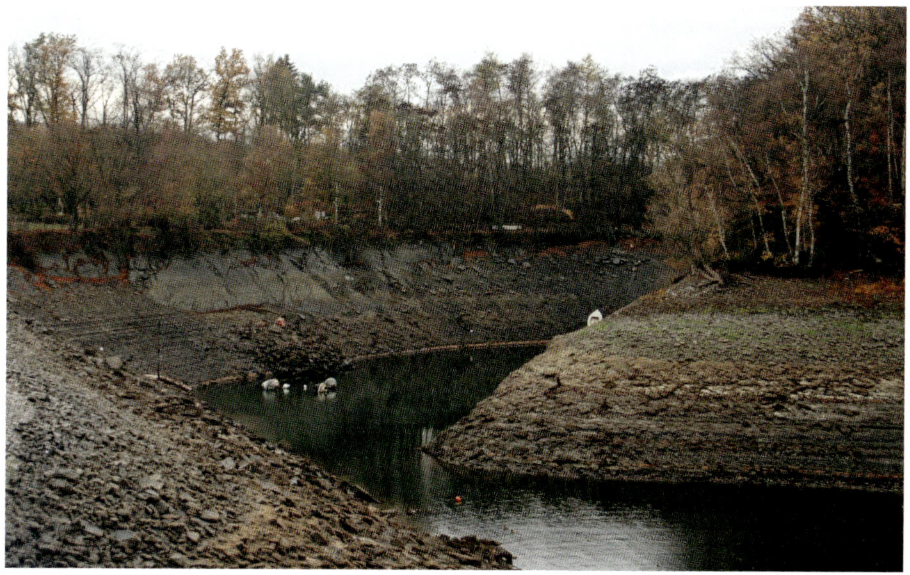

See ohne Wasser

Der Lage- und Gleichgewichtssinn ist über die Bogengänge des Innenohrs auch unter Wasser gegeben. Zwar tauchen wir im Wasser quasi schwerelos, weil die Gewichtskraft durch die Auftriebskraft ausgeglichen wird. Die Schwerkraft ist jedoch nicht aufgehoben, sondern wirkt weiter auf unsere Sinne und ermöglicht uns, die Lage im Raum zu beeinflussen.

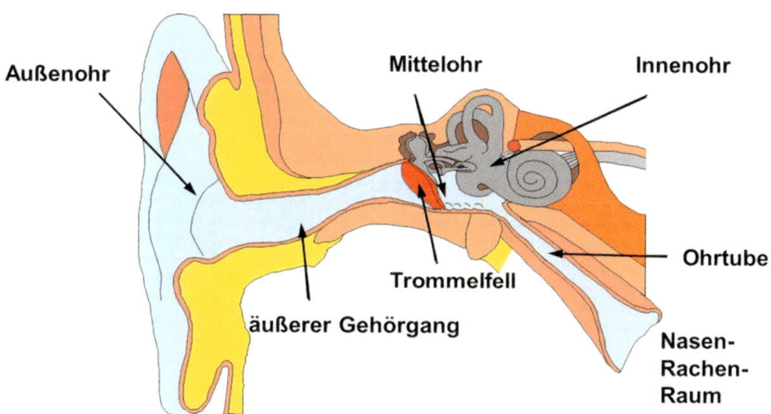

Innenohr mit Bogengängen

Unsere wichtigste Wahrnehmung zur Orientierung ist jedoch das Sehen. An der Luft können wir in der Regel kilometerweit sehen, wenn der Blick nicht durch Landschaft, Gebäude oder trübes Wetter eingeschränkt wird. Das ist beim Tauchen anders. Durch das Wasser ist die Sichtweite im Vergleich zur Luft deutlich reduziert. Während im Meer je nach Gegebenheit die Sichtweiten fünf bis dreißig Meter betragen können, liegt in Binnenseen die Sicht meist deutlich unter fünf Metern. In klaren Bergseen kann die Sicht auch besser sein, umgekehrt kann je nach Jahreszeit die Sicht auch so schlecht sein, dass ein Tauchgang gar nicht durchgeführt werden kann. Selbst bei guter Ausgangslage kann sich die Sicht durch Sedimentaufwirbelung beispielsweise von anderen Tauchgruppen stark verschlechtern.

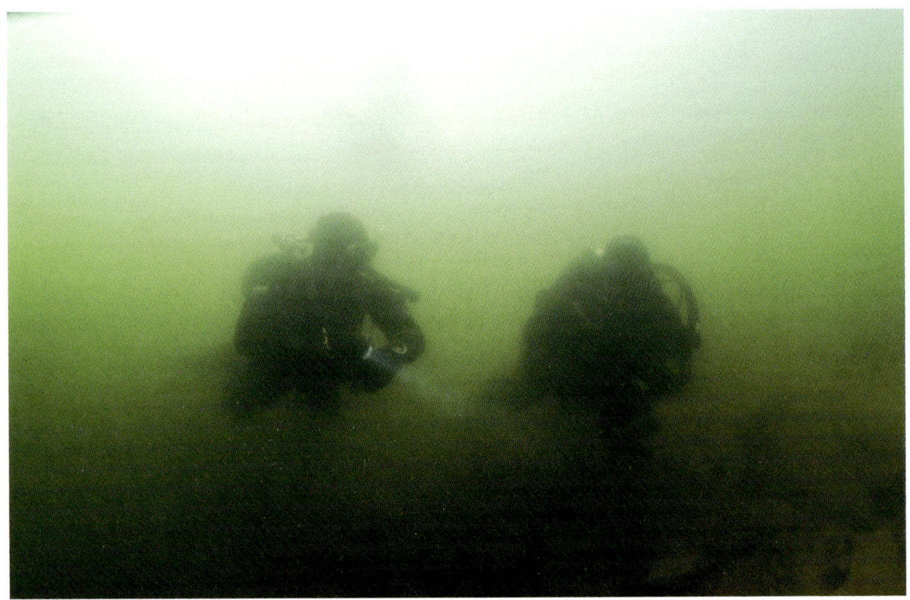

Tauchgang mit schlechter Sicht

Was hilft die beste Sichtweite, wenn wir sie nicht nutzen können? Bei Nacht und in der Dämmerung, aber auch bei trübem Wetter ist die Sicht deutlich eingeschränkt, daher fällt das Sehen hier zur Orientierung weitgehend aus.
Wir benötigen also weitere Hilfsmittel, um uns unter Wasser zu orientieren.

3.2 Natürliche Orientierung

Die Natur sorgt bereits für viele Hilfsmittel, die wir beim Tauchen zur Orientierung nutzen können. Schon die Topografie eines Gewässers hilft uns dabei.

Tiefenlinien

Wenn ein Gewässer nicht gerade eine weitgehend gleichbleibende Wassertiefe hat, sondern ein in der Regel gleichmäßig schräg abfallendes Ufer mit zunehmender Wassertiefe, je weiter man sich vom Ufer entfernt, so ist eine Orientierung bereits anhand der Wassertiefe gut möglich.

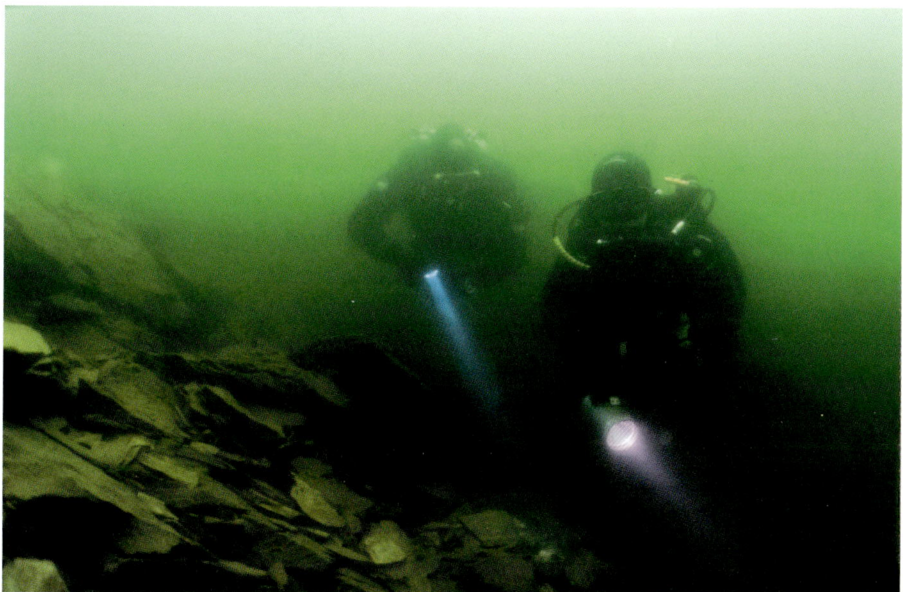

Tauchen an einer Uferschräge

Für den Hinweg wird die angestrebte Wassertiefe aufgesucht, und wenn diese erreicht ist, kann einfach auf dieser Wassertiefe parallel zum Ufer, auf der so genannten »Tiefenlinie«, entweder rechts oder links herum getaucht werden.

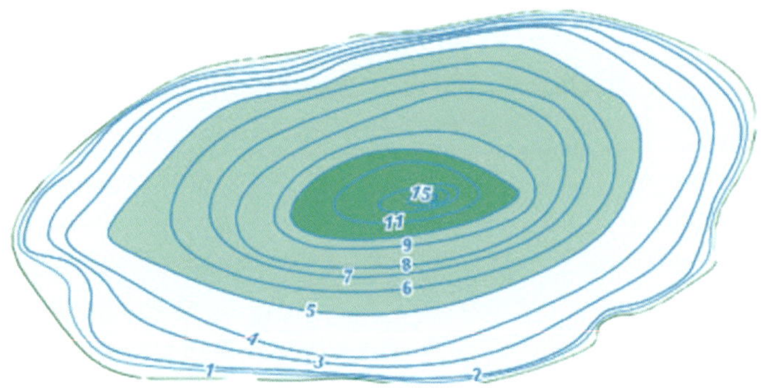

Tiefenlinien

Wird dabei eine bestimmte Zeit für den Hinweg entlang der Tiefenlinie getaucht, so taucht man für den Rückweg die gleiche Zeit auf der gleichen oder einer anderen Wassertiefe und gelangt so zum Ausgangspunkt zurück. Am Ende tauchst du in immer flachere Tiefen bis zur Oberfläche am Rand des Gewässers.
Tiefenlinien können auch den Seekarten entnommen werden. Wird ein bestimmter Ort unter Wasser, z. B. ein Wrack, gesucht, so entnimmt man der Seekarte die Wassertiefe anhand der dort eingezeichneten Tiefenlinie.

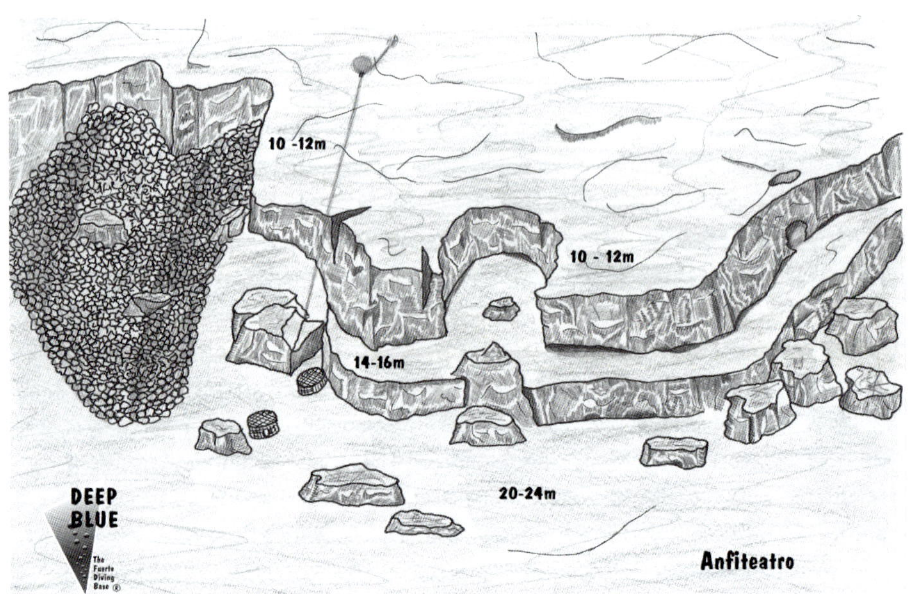

Unterwasser-Profil

Die Tiefenlinie ist auch wichtig, um beim Tauchen vom geankerten Boot aus den Anker wiederzufinden. Beim Abtauchen merkst du dir die Wassertiefe, auf der der Anker liegt. Auf dem Rückweg suchst du dann die Tiefenlinie dieser Ankertiefe auf und tauchst auf ihr entlang, bis du auf den Anker triffst.

Riffe und Böschungen

Wird unter Wasser an einem Riff oder an einer Steilwand entlanggetaucht, so hilft dies bei der Orientierung besonders. Ist die Wand auf dem Hinweg beispielsweise an unserer rechten Schulter, so bleibt sie das auch während des gesamten Hinweges. Für die Rückkehr drehen wir uns dann so, dass die Wand auf dem gesamten Rückweg an unserer linken Schulter ist (oder umgekehrt).

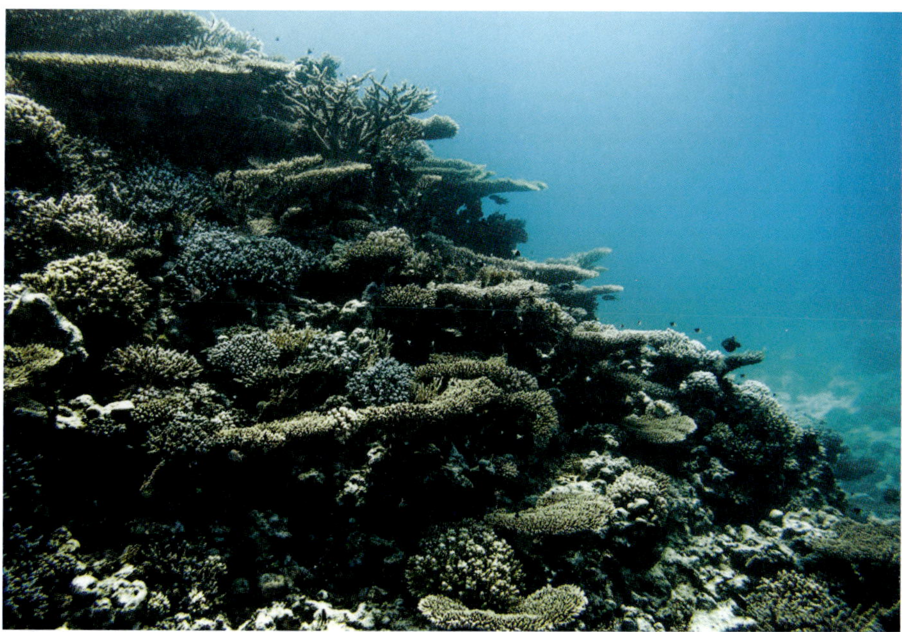

Riff

Uferbeschaffenheit und Bodenbelag

Bereits beim Abtauchen prägst du dir die Beschaffenheit des Ufers ein. Ist der Grund dort beispielsweise unbewachsen, während rechts und links vom Einstieg Pflanzenbewuchs vorherrscht, ist der Einstieg auch bei der Rückkehr aus dem tieferen Wasser gut zu erkennen.

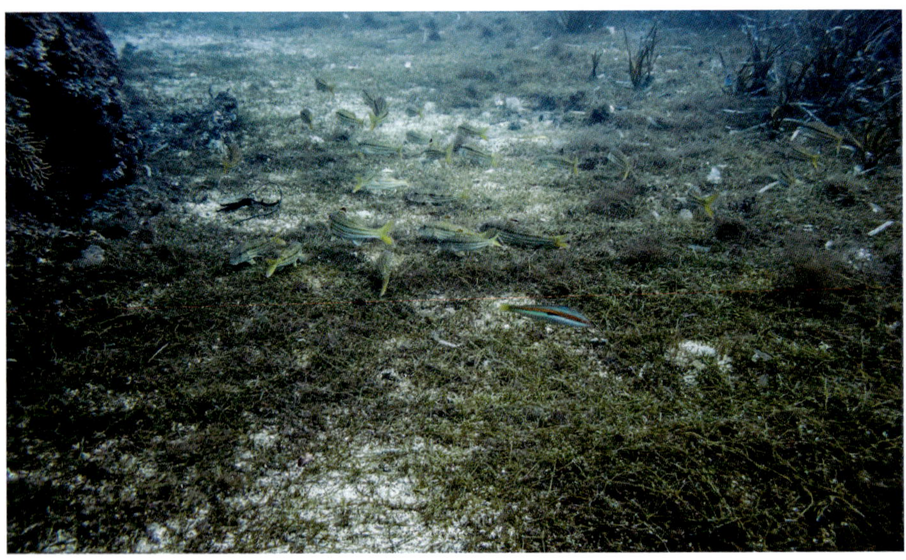

Bodenbeschaffenheit

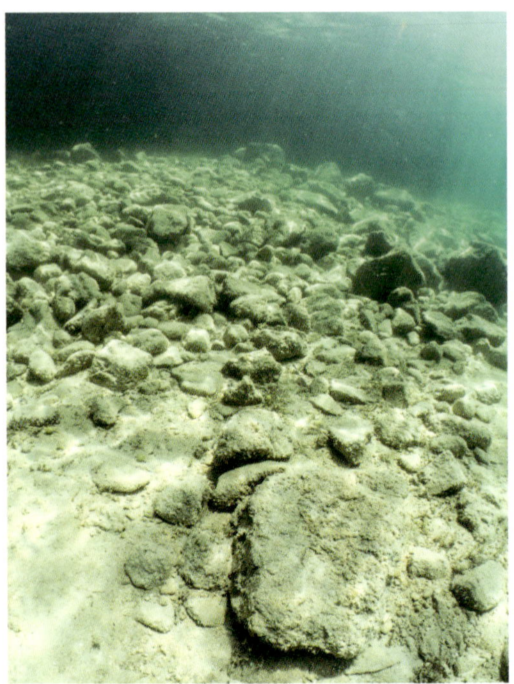

Auch **Vegetationsunterschiede** dienen der Orientierung, indem aus der Art der Pflanzen Rückschlüsse auf die aktuelle Position gezogen werden können.
Laub auf dem Grund deutet darauf hin, dass sich in Ufernähe Bäume befinden. An Einstiegen finden wir auch oft Kiesgrund vor, weil darauf weniger Sediment aufgewirbelt wird. Der **Bodenbelag** gibt so gute Hinweise zur Orientierung.

Steiniger Grund

Auch im Meer wechselt der Grund oft zwischen sandig und steinig, bewachsen oder kahl. Präge dir auch hier die Bodenbeschaffenheit ein, um dich zu orientieren. Ungeeignet zur Orientierung ist hingegen ein gleichförmiger Grund. Auch **Seegraswiesen** sehen fast überall gleich aus und eignen sich daher nicht zur Orientierung, außer wenn sie sich gleichförmig in eine Richtung bewegen. Wenn sich Seegras oder andere Wasserpflanzen hingegen hin- und herwiegen – beispielsweise durch Wellengang - und kein optischer Bezug zum darunter liegenden Grund besteht, ist die Orientierung ohne andere Hilfsmittel sehr schwierig.

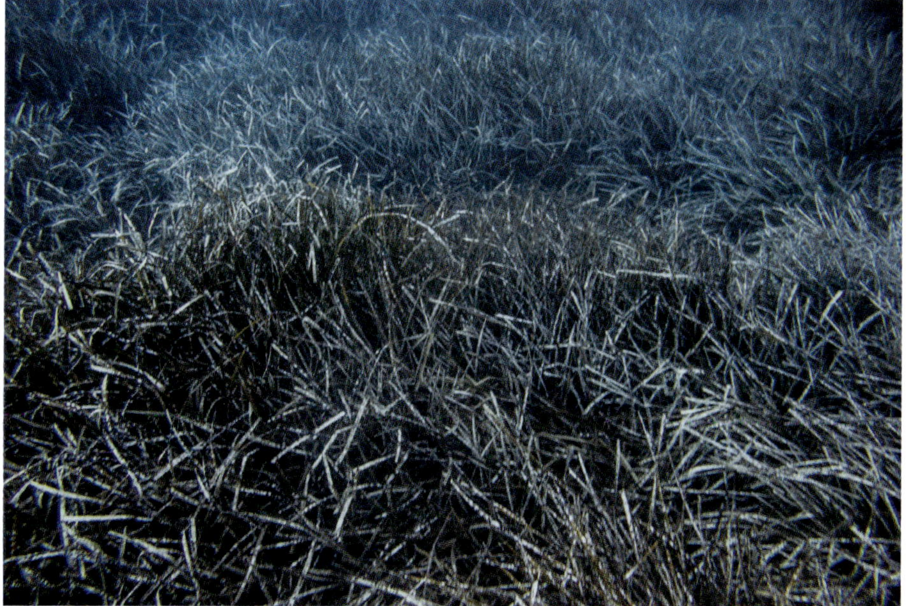

Seegraswiese

Den Einstieg an einem See erkennst du oft auch an der schlechten Sicht, die dort aufgrund der vielen Tauchgruppen herrscht, und aufgrund von Ablagerungen und geringem Bewuchs.

Fortsetzung der Überwasserstrukturen

Bereits außerhalb des Wassers kannst du Rückschlüsse von der Überwasserlandschaft auf die Unterwassertopografie ziehen. Fällt das Ufer beispielsweise oberhalb des Wassers schon steil und steinig ab, so kann damit gerechnet werden, dass sich eine solche Steilwand unter Wasser fortsetzt. An einem flach ins Wasser

übergehenden Sandstrand hingegen wird sich der flache Sandgrund auch unter Wasser fortsetzen und die Tiefe nur allmählich zunehmen.
Aus dem Wasser ragende Felsen deuten darauf hin, dass sich die Felsstruktur unter Wasser fortsetzt und sich der Felsen möglicherweise sogar umrunden lässt.
Befindet sich an einem See eine Bucht, so wird sich die Unterwasserlandschaft meist der Form der Bucht anpassen und allmählich bis zur Mitte der Bucht immer tiefer werden.

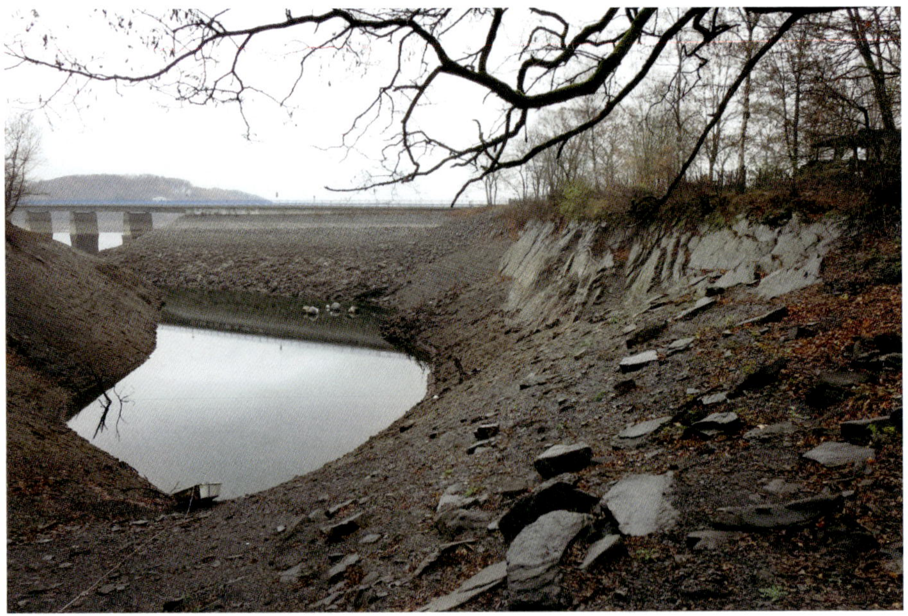

Fortsetzung der Überwasserstrukturen

Markante Bezugspunkte

Die Natur hat oft markante Punkte geschaffen, die sich von der Umgebung abheben und sich so leicht als Orientierungshilfen einprägen lassen. Umgestürzte Bäume, große Felsen oder Korallenblöcke, eine herausragende Gorgonie oder Grotten, Überhänge und Felsbögen sind leicht wieder zu erkennen. Korallenblöcke können sich allerdings oft auch ähneln, sodass es Sinn macht, sich weitere Merkmale wie zum Beispiel die Wassertiefe dieser markanten Punkte zu merken.

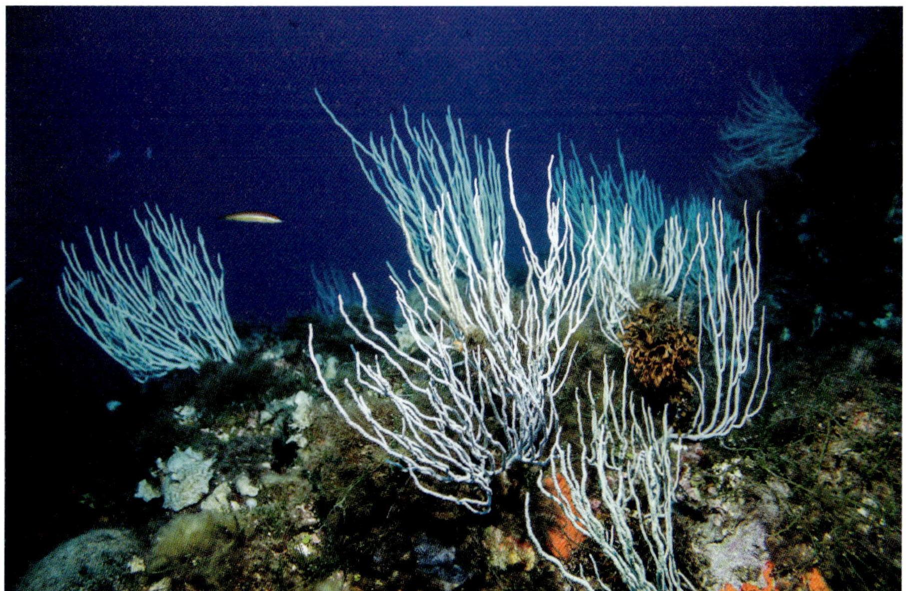

Gorgonie als markanter Punkt

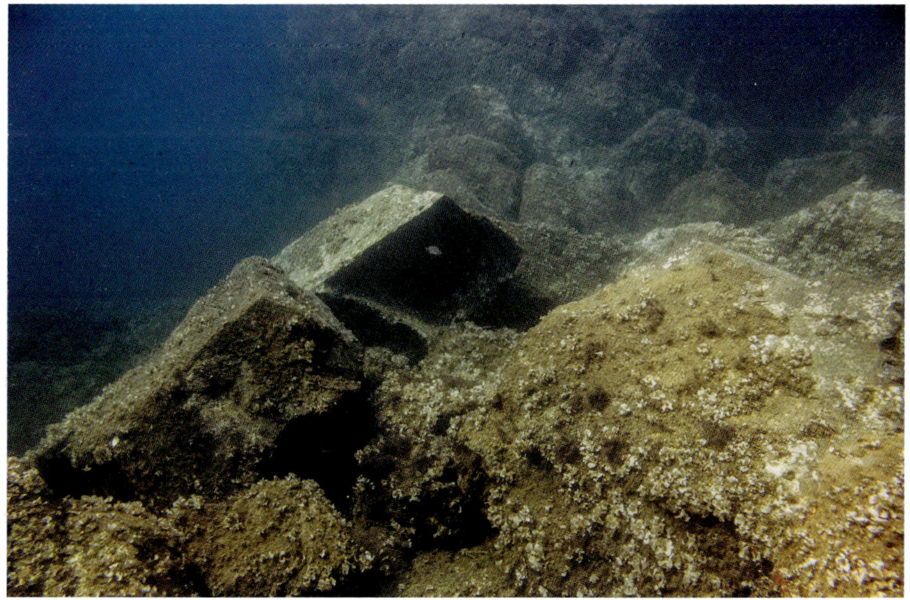

Markanter Felsblock

Auch künstliche Bezugspunkte sind unter Wasser oft anzutreffen, die von Menschen dort gelassen oder geschaffen worden sind, beispielsweise Pfähle von Bootsstegen, Unterwasserplattformen, Wrackteile, Bojenleinen. In manchen Gewässern werden sogar extra Gegenstände für Taucher versenkt, um ihnen Abwechslung zu verschaffen.
Solche künstlichen Bezugspunkte haben den Vorteil, dass sie in der Regel unverwechselbar sind.

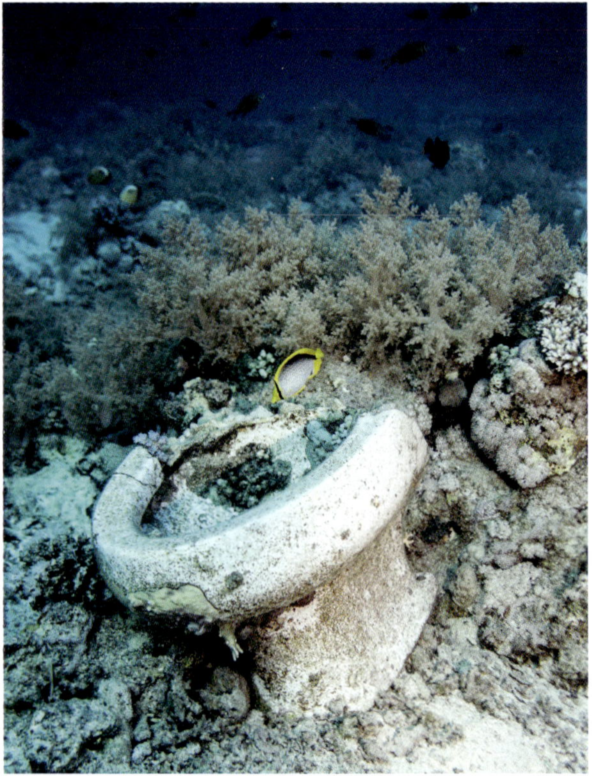

Künstlicher Bezugspunkt

Sonnenstand

Bei Sonnenschein stellt die Sonne am Himmel einen gut sichtbaren Fixpunkt dar. Die Tauchrichtung kann so eingehalten werden, indem sie in einem festen Winkel zur Richtung der Sonne steht. Für den Rückweg wird dann genau der umgekehrte Winkel zur Sonne gewählt.

Da sich die Richtung der Sonne während der Dauer eines normalen Tauchgangs kaum verändert, kann sie für unsere Zwecke der Orientierung beim Tauchen gut verwendet werden.
Je tiefer die Sonne steht, desto besser ist eine Richtungsbestimmung möglich, also vorwiegend morgens oder abends. Allerdings ist auch die Sonne als Orientierungshilfe nur geeignet, wenn sie auch unter Wasser gesehen werden kann. Dies bedingt eine gute Sichtweite, die vorwiegend im Meer vorzufinden ist. In heimischen Gewässern ist die Sonne im flachen Wasser besser zu sehen als in der Tiefe, weil mit zunehmender Wassertiefe die Helligkeit abnimmt. Bei wechselhafter Bewölkung besteht die Gefahr, dass die Sonne zwar zu Beginn des Tauchgangs noch sichtbar ist, dann aber im Laufe des Tauchgangs nicht mehr.

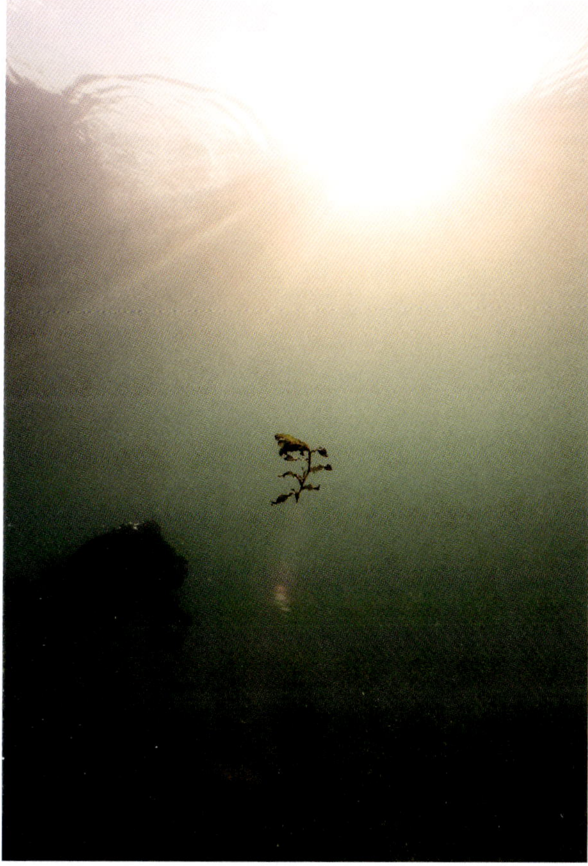

Sonnenstand

Mondstand

Genau wie der Sonnenstand kann bei Nacht auch der Mondstand zur Richtungsbestimmung unter Wasser genutzt werden, sofern er zu sehen ist und nicht durch Bewölkung verdeckt wird. Um den Mond gut zu erkennen, sollte man möglichst bei Vollmond tauchen.

Brechungsfenster

Die Brechung des Lichts an der Wasseroberfläche können wir uns beim Tauchen zunutze machen, indem wir ohne aufzutauchen mit einem schrägen Blick an die Oberfläche die Überwasserlandschaft oder auch das Tauchboot erkennen können.

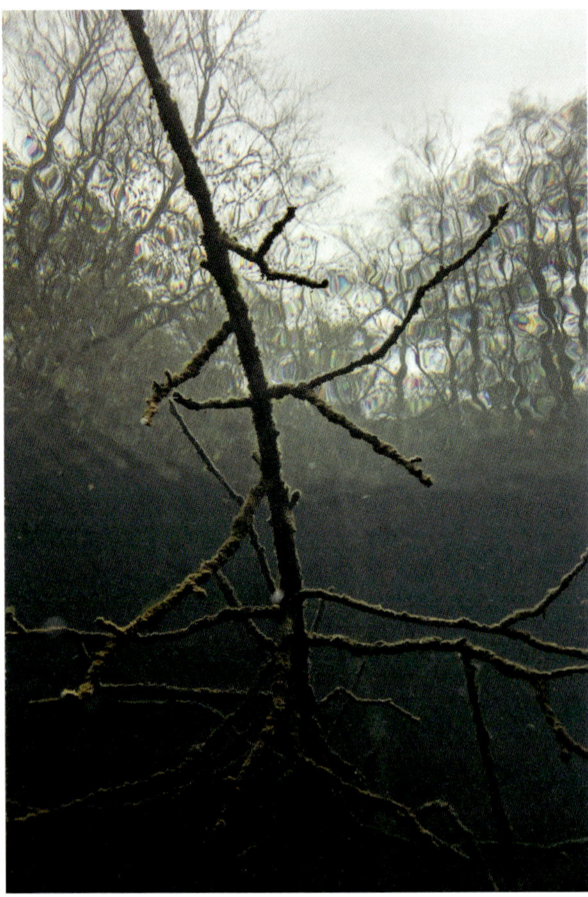

Brechungsfenster

Sandriffelung

Der Sandgrund im Meer ist nicht glatt, sondern hat eine feine Riffelung in Wellenform. Diese Riffelung hat die Besonderheit, dass sie gleichförmig in eine Richtung geht, in der Regel parallel zum Strand. Tauchst du senkrecht zu dieser Sandriffelung, so gelangst du vom Ufer weg oder zum Ufer hin.

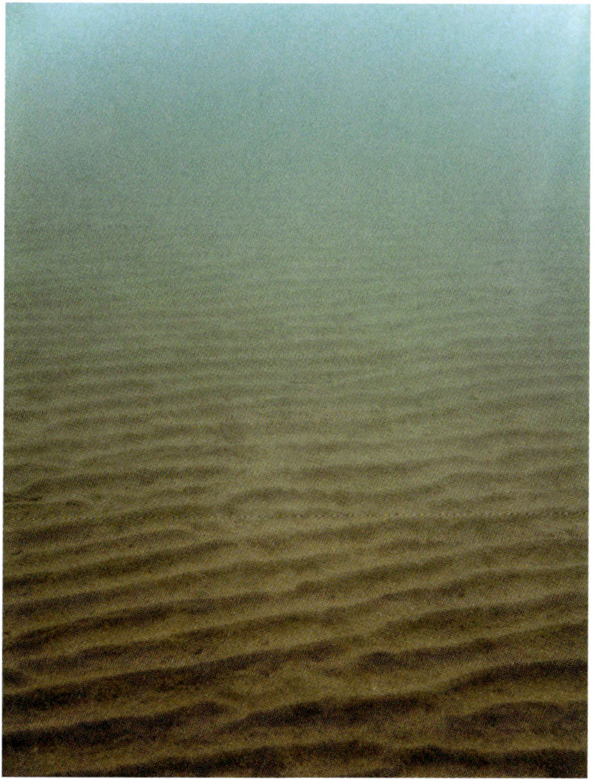

Sandriffelung

Strömung

Eine Strömung unter Wasser ist je nach Stärke kein Problem für das Tauchen, sondern sogar nützlich für die Orientierung. Durch eine Strömung wird eine Richtung fixiert, sodass wir unsere Tauchrichtung in einem festen Winkel zur Strömungsrichtung einhalten können. Allerdings ist dabei darauf zu achten, dass der Hinweg gegen eine Oberflächenströmung erfolgt, um mit der Strömung wieder zurück zu gelangen.

Eine Strömung ist jedoch nicht immer zuverlässig, denn sie kann auch zum Beispiel an Hindernissen die Richtung ändern, bei Gezeiten sogar zum Stillstand kommen oder komplett umdrehen, und es kann auch in unterschiedlichen Wassertiefen zu verschiedenen Strömungen kommen.
Eine Strömungsrichtung lässt sich erkennen, wenn es unter Wasser feste Bezugspunkte gibt. Du als Taucher spürst selbst die Richtung, in die dich die Strömung bei Grundsicht zieht. Die Neigung der Pflanzen richtet sich nach der Strömung aus, auch die Fische stellen sich bei scheinbarer Bewegungslosigkeit gegen die Strömung. Du kannst an den Luftblasen unserer Ausatemluft erkennen, in welche Richtung diese durch die Strömung treiben. Auf Sandgrund kann auch die Strömungsrichtung festgestellt werden, indem feiner Sand herabgerieselt wird.
Wenn du beim Tauchen mit Strömung nicht gerade mit oder gegen die Strömung tauchst, ist zum Kurshalten der Versatz gegen die Strömung einzurechnen. Du tauchst dann nicht direkt auf das Zielobjekt zu, sondern auf ein imaginäres Ziel, das du dir entsprechend versetzt gegen die Strömung denkst.

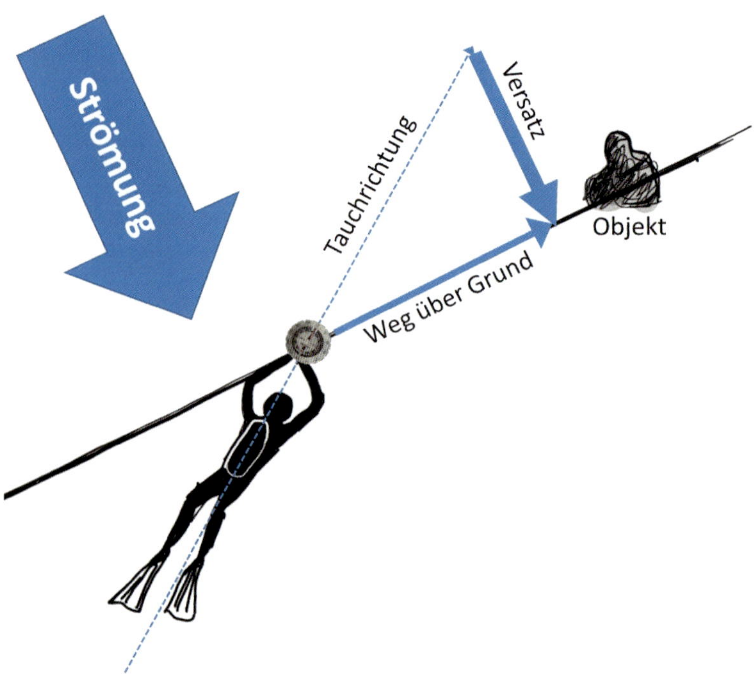

Kurs halten bei Strömung

Umdrehen

Tauche nicht einfach drauflos, sondern drehe dich regelmäßig um und präge dir die Ansicht des Rückweges und die Umgebung ein. Das Gehirn merkt sich ein Bild besser als jeden Kurs. Wenn du auf dem Rückweg wieder dort vorbei kommst, erkennst du die Stelle oder den markanten Punkt leichter wieder und kannst dich so besser orientieren.

Kombination von Orientierungshilfen

Eine Orientierungshilfe alleine reicht in der Regel nicht aus, um ein bestimmtes Ziel zu finden. Zur Ermittlung einer Position sind zwei Standlinien erforderlich. Das bedeutet, dass du beispielsweise neben einer Tiefenlinie noch einen markanten Punkt oder eine andere Positionsangabe benötigst. Nicht alle Orientierungshilfen sind jederzeit verfügbar, sondern variieren in Abhängigkeit von Zeit und Ort. Deshalb ist es hilfreich, möglichst viele Orientierungsmerkmale zu kennen und zu merken.

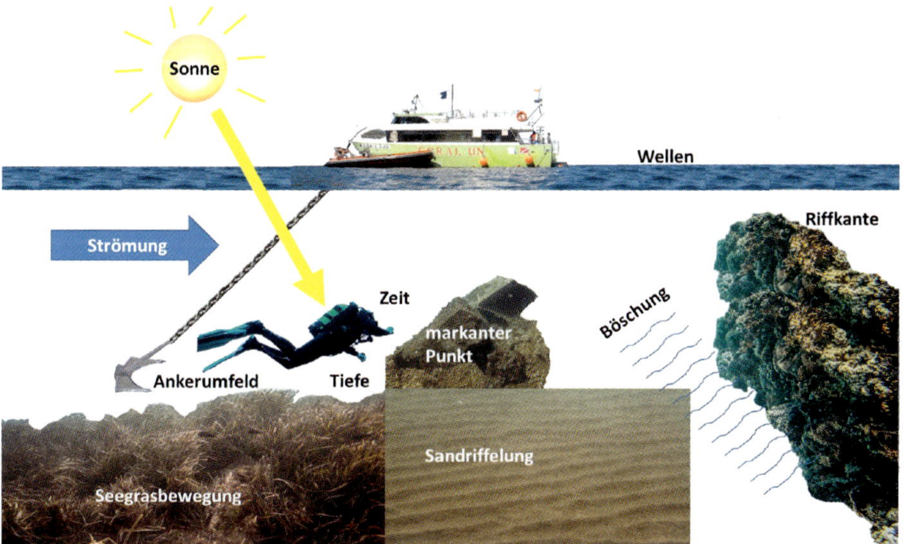

Kombination von natürlichen Orientierungshilfen

3.3 Technische Hilfsmittel

Natürliche Hilfsmittel stehen nicht immer zur Verfügung, beispielsweise bei gleichförmigem Grund ohne markante Punkte, oder können auch ausfallen, zum Beispiel wenn die Sonne durch Wolken verdeckt wird.
Zur Ergänzung oder zum Ersatz der natürlichen Hilfsmittel ist es gerade im Süßwasser ratsam, technische Hilfsmittel hinzu zu ziehen, weil

- sich die Sichtverhältnisse schlagartig ändern können,
- Sichtweiten geringer sind,
- die Unterwasser-Landschaft eintöniger ist,
- Sonne oder Mond eventuell deshalb nicht wahrnehmbar sind oder
- typische Orientierungshilfen nicht immer vorhanden sind.

Uhr

Die Uhr, auch als Zeitmesser in einem Tauchcomputer, gehört zu jedem Tauchgang dazu und hilft uns bei der Bestimmung der Zeit beispielsweise für den Hin- und Rückweg oder auch für die Einhaltung der Austauchregeln. Die einfachste Anwendung ist die Messung der Zeit für den Hinweg, dann wird die gleiche Zeit bei unveränderten Bedingungen für den Rückweg angesetzt, und nach dieser Zeitspanne ist in der Regel, insbesondere bei gleicher Tauchgeschwindigkeit, der Ausgangspunkt wieder erreicht. Die Zeit dient also der Orientierung durch die Streckenkontrolle. Zur Zeitmessung benötigen wir eine Uhr, weil wir zum Messen einer Zeitänderung über keine gute Sensitivität verfügen. Zwar kann man versuchen, die Zeit zu schätzen. Dies ist jedoch sehr ungenau und führt bei Ablenkungen zu Fehlbeurteilungen. Alternativ ist es auch möglich, die Anzahl der Flossenschläge für den Weg zwischen zwei Punkten zu zählen. In der Realität wird dies jedoch kaum praktiziert, weil es eine Konzentration unabhängig vom eigentlichen Taucherlebnis erfordert.

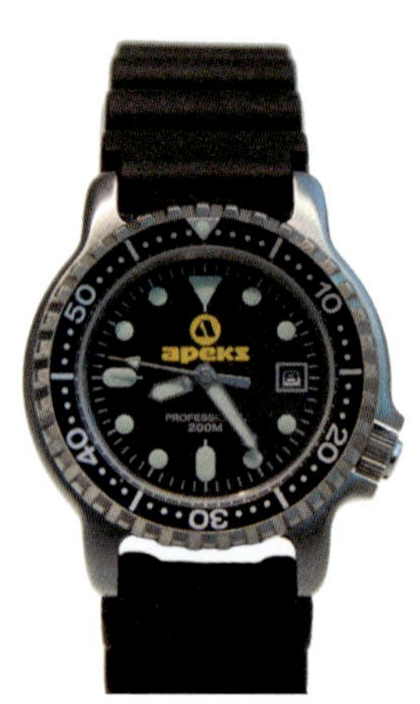

- verschraubte Krone
- gute Ablesbarkeit
- Tauchzeitring
- Leuchtzifferblatt
- Mineralglas
- druckdicht

Uhr

Tiefenmesser

Der Tiefenmesser ist auch Bestandteil des Tauchcomputers, kann aber ebenso separat mitgeführt werden und zeigt uns beim Tauchen jederzeit die Wassertiefe an. Dies ist auch für die natürliche Orientierung erforderlich, um eine Tiefenlinie einzuhalten oder den Anker wieder zu finden.

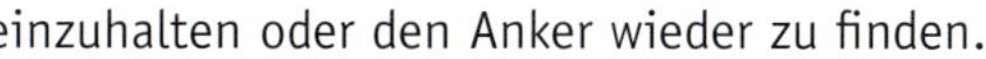

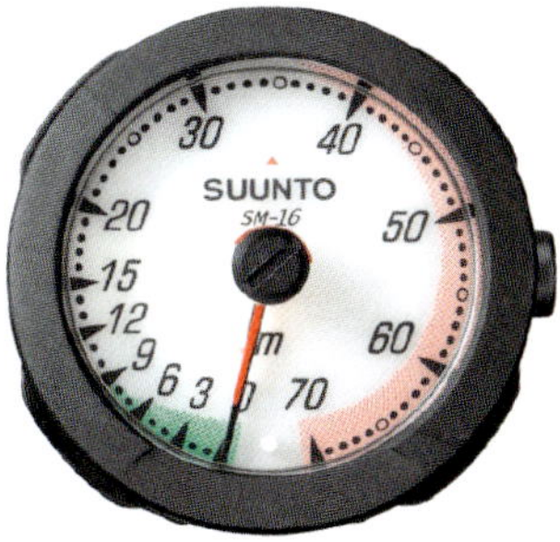

- gute Ablesbarkeit
- gespreizte Skala
- Schleppzeiger, der in der größten Tiefe stehen bleibt

Tiefenmesser

Für die Messung einer Tiefe hat der menschliche Körper auch keine Sensorik. In klaren Gewässern kann der Abstand zur Wasseroberfläche auch grob optisch gepeilt werden, dies erfordert aber eine gute Erfahrung, da die veränderten Entfernungsverhältnisse beim Sehen unter Wasser mit zu berücksichtigen sind. Tiefenänderungen hingegen können recht gut über den Reiz des Trommelfells wahrgenommen werden. Spätestens wenn du einen Druckausgleich vornehmen musst, weißt du, dass du tiefer getaucht bist. Insofern kann eine Tiefenlinie auch recht gut ohne Hilfsmittel eingehalten werden.
Die Messung der Tiefe ist auch erforderlich für die Aufstiegskontrolle, insbesondere für das Austauchen.

Echolot

Ein Echolot wird an der Wasseroberfläche vom Boot aus eingesetzt. Es sendet ein Signal zum Grund aus und kann durch die Messung der Zeitspanne zwischen dem Senden und dem Empfang des Signals die Wassertiefe bestimmen. Dies ist vor einem Tauchgang wichtig zur Bestimmung der Tauchtiefe, dient aber vor allem dem Auffinden von Tauchplätzen oder Wracks anhand des Tiefenprofils.

Radar, GPS

Ebenso dienen ein Radar und ein GPS-Gerät der Positionsbestimmung auf dem Wasser, um einen bestimmten Tauchplatz zu finden. Mithilfe des Radars kann die Position in Relation zu einem anderen Ort über Wasser, beispielsweise einer Landmarke oder einem Felsen, bestimmt werden. Ein GPS-Gerät hingegen kann wie das Navigationsgerät in einem Auto die Position recht genau anhand von Satellitenpeilungen bestimmen. Dies ermöglicht die Navigation auch bei schlechter Sicht ohne Landpeilungen.

Kompass

Der Kompass ist für uns ein wichtiges Hilfsmittel, das nicht nur über, sondern auch unter Wasser beim Tauchen eingesetzt werden kann.

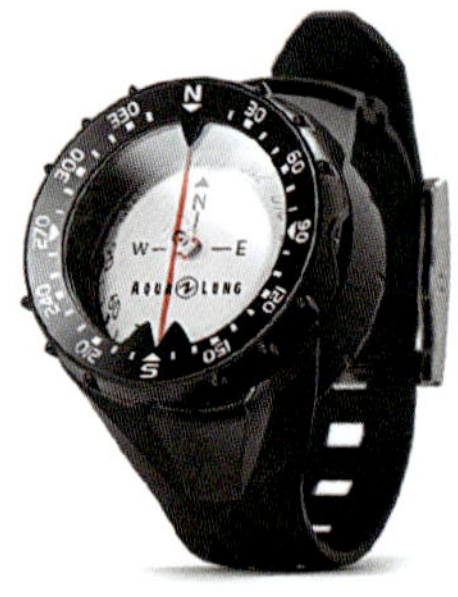

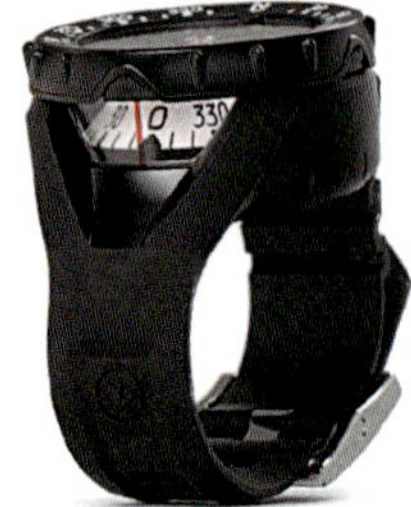

- übersichtliche 360°-Skala
- keine Blockade der Nadel beim Verkannten
- drehbarer, einrastender Außenring
- Peileinrichtung

Kompass

Zum Tauchen wird üblicherweise ein analoger Magnetkompass verwendet. Auch digitale Kompasse finden zunehmend Verbreitung, häufig auch integriert in einen Tauchcomputer.

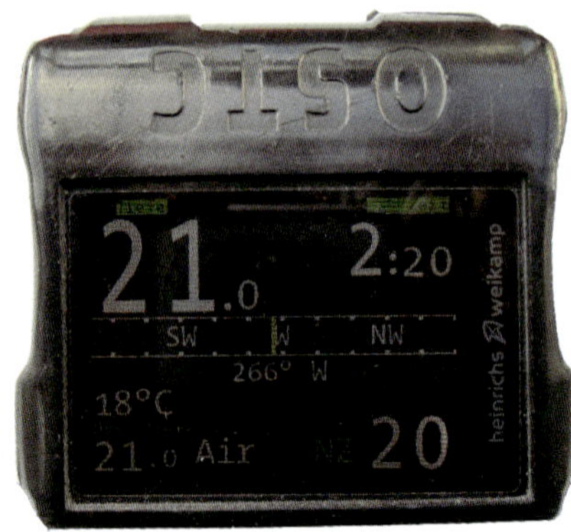

Elektronische Kompassfunktion in einem Tauchcomputer

Der analoge Magnetkompass besteht aus einem Zeiger oder einer Scheibe, die auf einem reibungsfreien Träger möglichst frei beweglich gelagert ist und in Richtung Norden zeigt. Da wir nicht nur in Nord-Süd-Richtung tauchen, sondern auch andere Richtungen möglichst genau einhalten wollen, hat die Scheibe außerdem meist eine 360-Grad-Einteilung in 10-Grad-Schritten, sodass mit einer für uns beim Tauchen hinreichenden Genauigkeit eine beliebige Richtung abgelesen werden kann. Diese Kompassscheibe oder Kompassrose befindet sich in einem Gehäuse, das mit einem ein-

stellbaren Ring versehen ist, auf dem ebenfalls eine 360-Grad-Einteilung ablesbar ist. Dieser Ring dient zur Fixierung eines bestimmten Kurses. Außerdem befindet sich oft seitlich ein durchsichtiges Peilfenster, über das die gerade angezeigte Richtung genauer abgelesen werden kann.
Der Kompass dient beim Tauchen dazu, einen bestimmten Kurs einzuhalten oder eine bestimmte Richtung zu peilen. Auch über Wasser kann ein Ziel angepeilt werden, sodass dieses dann unter Wasser angetaucht wird.
So kann mit dem Kompass unter Wasser auch dann navigiert werden, wenn natürliche Hilfsmittel zum Beispiel wegen schlechter Sicht oder monotoner Topografie eingeschränkt sind.

3.4 Erdmagnetismus

Die Kompassnadel richtet sich nach dem natürlichen Magnetfeld der Erde aus. Das Magnetfeld der Erde entsteht durch Strömungen leitfähigen Magmas im Inneren der Erde.

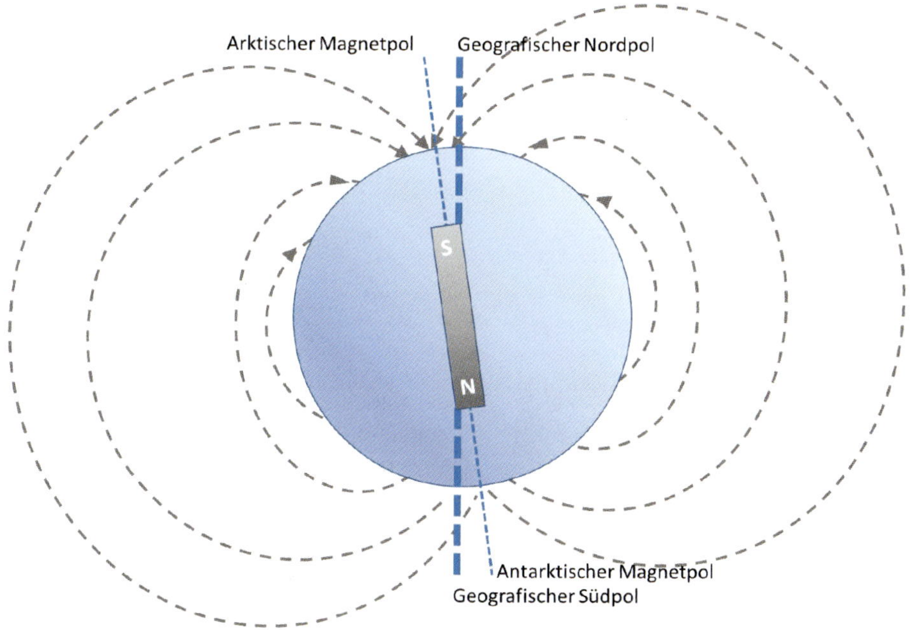

Magnetfeld der Erde

An der Erdoberfläche verläuft das Magnetfeld zwischen den magnetischen Polen, die nah am geografischen Nord- bzw. Südpol liegen. Die geringe Abweichung zwischen der Richtung zum arktischen Magnetpol und der geografischen Nordrichtung (auch **Missweisung** oder **Deklination** genannt) ist für uns beim Tauchen vernachlässigbar, in der Schifffahrt jedoch durchaus von Bedeutung für die Navigation. Da die magnetischen Pole im Inneren der Erde liegen, verlaufen die Kraftlinien nicht parallel zur Erdoberfläche, sondern treten in einem gewissen Winkel aus dem Boden heraus (das wird auch Inklination genannt). Dies wird aber an der Kompassnadel ausgeglichen, sodass wir den Kompass zum Ablesen waagerecht halten.

3.5 Kompass

Beim **Magnetkompass** richtet sich die in einem robusten Kunststoffgehäuse untergebrachte Kompassrose in Richtung Norden aus.

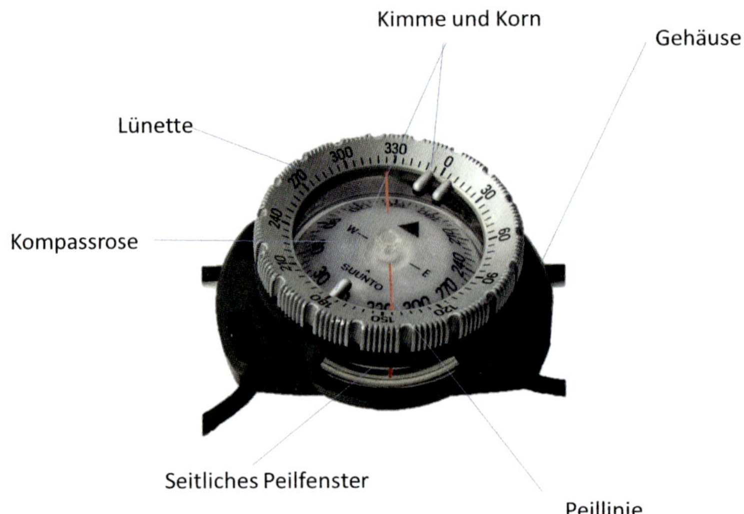

Magnetkompass

Die **Kompassrose** ist dazu schwimmend aufgehängt und sollte nachleuchtend sein, damit sie auch beim Nachttauchen nach kurzem Anleuchten ablesbar bleibt. Für die Qualität eines Kompasses ist wichtig, dass die Kompassrose sich auch weiter frei bewegen kann, wenn der Kompass leicht schräg gehalten wird. Wenn er sich nämlich sonst »verhakt«, zeigt er eine falsche Richtung an. Ideal ist daher eine

möglichst kugelige Form. Ein guter Kompass sollte bis zu 20 Grad geneigt werden können, ohne dass er hakt.
Die Gradeinteilung der Kompassrose erfolgt im Uhrzeigersinn von 0 Grad für den Norden über 90 Grad für den Osten, 180 Grad für den Süden und 270 Grad für den Westen. Die vier Himmelsrichtungen sind in der Regel auch mit ihrem Anfangsbuchstaben auf die Kompassrose aufgedruckt, wobei je nach Herstellerland der Osten auch mit E (für das englische east oder das französische est) bezeichnet wird, und im Französischen wird der Westen mit O für ouest abgekürzt.

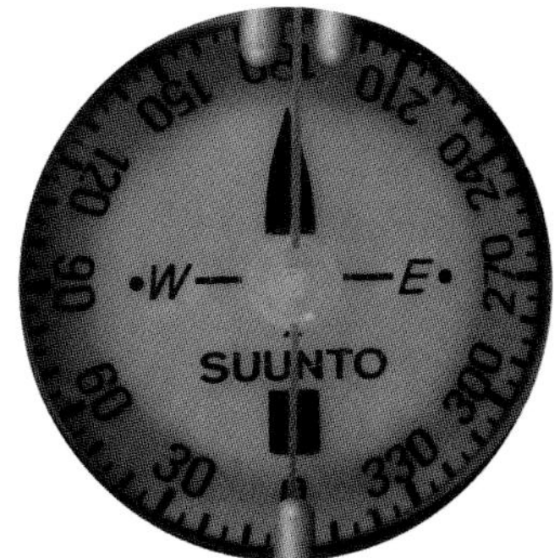

Kompassrose

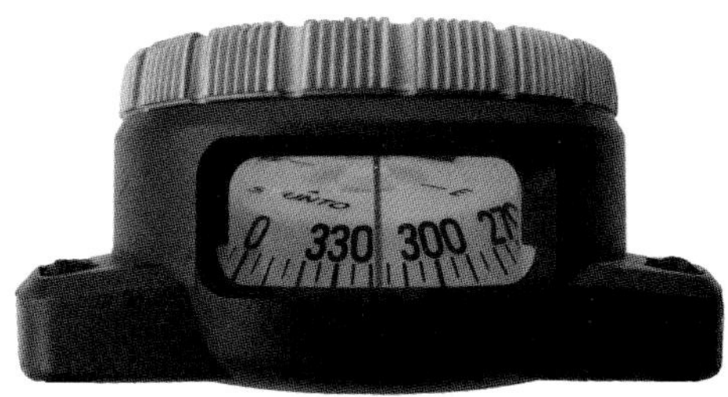

Peilfenster

Das **Gehäuse** sollte daher eine solche Bauhöhe haben, dass es der Kompassrose eine gute Bewegungsfreiheit verschafft und so bei Neigung ein Verkanten möglichst verhindert. Das Sichtfenster oben sollte kratzfest sein. Außerdem ist es hilfreich für Peilungen, wenn auch noch ein **Peilfenster** seitlich einsehbar ist. Damit kann ein fester Zielpunkt gut anvisiert werden und der Kurs zu diesem Punkt mit ausgestreckten Armen tauchend gut abgelesen und gehalten werden. Zum genauen Ablesen befindet sich in diesem Sichtfenster eine senkrechte Peillinie. Auch auf dem oberen Sichtfenster ist in Längsrichtung eine **Peillinie** aufgedruckt. Diese sollte so gehalten werden, dass sie mit der Tauchrichtung übereinstimmt. Oberhalb des Sichtfensters befindet sich am Gehäuse ein drehbarer Einstellring, die so genannte **Lünette**. Auch dieser Ring sollte eine gut ablesbare 360-Grad-Einteilung haben. Nach Einstellung einer Gradzahl sollte der Ring einrasten, sodass er sich nicht versehentlich verstellt. Er sollte sich auch mit Handschuhen drehen lassen.
An der Lünette befindet sich an den 0-Grad und 180-Grad-Markierungen (also Nord und Süd) Markierungen für **Kimme und Korn**. Diese dienen dem Halten eines

eingestellten Kurses, indem der Nord-Pfeil der Kompassrose mit der Markierung auf dem Einstellring in Deckung ist. Für den Rück-Kurs in Gegenrichtung wird dann die andere Markierung mit dem Nord-Pfeil in Deckung gebracht.
Das Gehäuse ist mit Öl gefüllt. Dadurch kann es dem jeweiligen Wasserdruck standhalten, und die Eigenbewegung der Kompassrose wird gedämpft. Durch die Zähigkeit (Viskosität) des Öls schwingt die Scheibe nicht so oft hin und her, bis sie die Richtung anzeigt.
Zu unterscheiden sind **Marsch- und Peilkompasse**. Bei einem Marschkompass schaut man von oben auf die Kompassrose, welche bei Draufsicht die jeweiligen Himmelsrichtungen genau so anzeigt, wie sie sich aus der eigenen Position heraus ergeben.

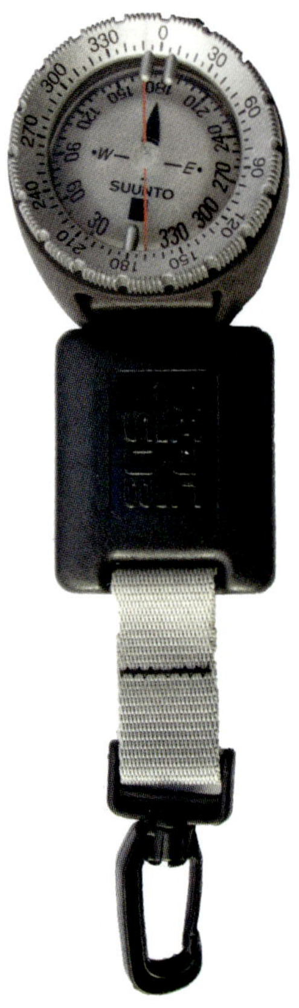

Kompass an einem Retraktor mit ausziehbarer Leine

Bei einem Peilkompass sind die Richtungsangaben um 180 Grad versetzt. Peilt man beispielsweise die Nordrichtung an, so wird in dem Peilfenster an der Hinterseite des Kompasses 0 Grad angezeigt, während auf der Kompassrose von oben gesehen die 0 Grad genau gegenüber liegen. Bei einem Tauchkompass ist oft beides kombiniert: In der Draufsicht von oben sehen wir die tatsächlichen Himmelsrichtungen, während die seitlich angebrachte Peilskala um 180 Grad versetzt ist.
Die **Anbringung** eines Kompasses zum Tauchen kann auf verschiedene Arten erfolgen. Jedenfalls sollte die Anbringung verlustsicher sein, damit der Kompass nicht bei einem Loslassen verloren geht.
Die Anbringung kann an einer Leine erfolgen, gegebenenfalls auch ausziehbar an einem Retraktor (Zurückzieher). Auch an einem Armband oder mit dehnbaren Leinen (Bungee) kann ein Kompass getragen werden. Von einer Kompassanbringung in einer Konsole hingegen ist unbedingt abzuraten, die Kompasshaltung wird im Nachfolgenden noch erläutert.

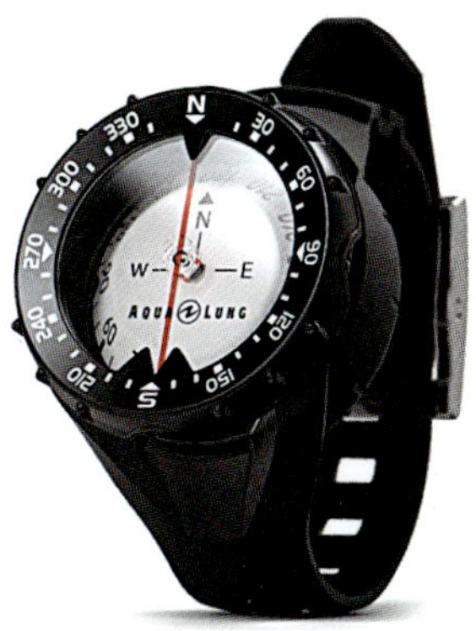

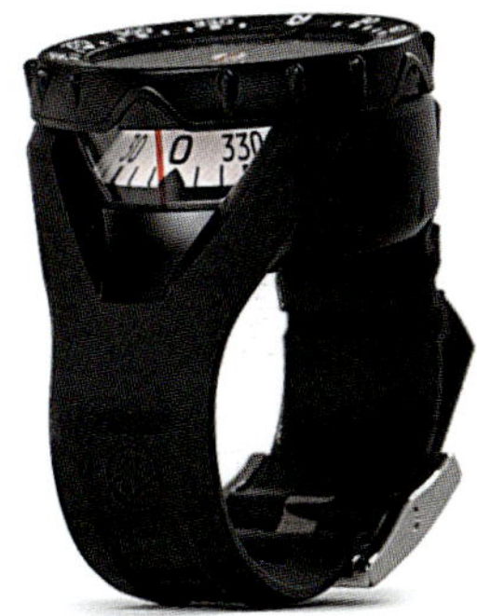

Kompass an einem Armband

Tipps für den Kompasskauf

- Möglichst **geringes Verkanten** bei Schräghaltung, auch bei bis zu 20 Grad Schräglage sollte die Kompassrose noch frei beweglich bleiben, ohne dass sie verklemmt. Eine möglichst kugelige Form ist daher zu empfehlen. Die maximale Schräglage ohne Verkanten kann bereits beim Kauf getestet werden.
- Die **Erkennbarkeit** der Kursanzeige ist für das richtige Ablesen des Kompasses auch bei schlechter Sicht wesentlich. Dazu gehören ein besonders markant ausgeprägter Nordpfeil sowie eine gute Kennzeichnung der anderen Himmelsrichtungen und eine übersichtliche Skalenbeschriftung mit nicht zu feiner Gradeinteilung.
- Bei Dunkelheit ist es wichtig, dass die Kompassanzeige **nachleuchtet**, nachdem sie kurz mit der Lampe angestrahlt wurde. Das Nachleuchten sollte mindestens eine Minute anhalten.
- Zur Anzeige einer Richtung benötigt der Kompass eine Weile für das **Einpendeln**, bis er nicht mehr hin und her schwingt. Dieses Einschwingen wird durch die Öllagerung gedämpft und sollte höchstens fünf Sekunden dauern.
- Der Einstellring (die Lünette) sollte auch mit dicken Handschuhen gut **verstellbar** sein.
- Die **Anbringung** sollte so erfolgen, dass der Kompass einfach zu befestigen ist und in Vorhalte gehalten werden kann, entweder mit Armband, Bungees oder an einer ggf. ausziehbaren Leine.

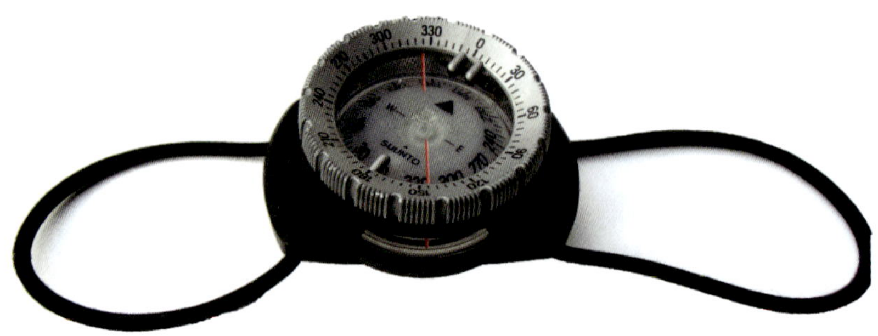

Kompass mit Bungee-Bändern

3.6 Fehleinflüsse

Ein Kompass zeigt jedoch nur dann die gewünschte Richtung an, wenn er nicht verkantet wird und nicht Fehleinflüssen unterliegt.
Fehleinflüsse können durch Veränderungen des Erdmagnetfeldes entstehen. Zwar ist das Erdmagnetfeld in der Regel gleichförmig, kann aber durch äußere Einflüsse verfälscht werden. Dies kann beispielsweise durch größere Erzvorkommen im Boden oder auch große Eisenteile geschehen. Die Linien der magnetischen Kräfte werden dann zum Eisen hin abgelenkt, und die Kompassnadel richtet sich nach dieser Linie und nicht in die Nordrichtung aus.
Beim Tauchen gibt es solche Ablenkungen besonders beim Tauchen an Wracks oder an eisenhaltigen Gebäudeteilen. Dann ist eine Orientierung mit dem Kompass nur sehr eingeschränkt oder eventuell gar nicht mehr möglich, sondern die Orientierung an natürlichen Gegebenheiten steht hier wieder im Vordergrund.
Trotzdem ist es möglich, auch bei solchen Tauchgängen eine grobe Orientierung mit dem Kompass zu erreichen, indem du einen größeren Abstand von der Ablenkungsquelle, zum Beispiel dem Wrack einnimmst. Tauche dazu einfach einige Meter oberhalb des Wracks, und die Anzeige des Kompasses wird besser.
Nicht überall auf der Erde kann der Kompass uneingeschränkt eingesetzt werden. Es gibt auf der Erde verschiedene Magnetfeldzonen, die zu Abweichungen oder zu einem Verklemmen der Kompassnadel durch ein verstärktes Neigen führen können. Bei einer möglichst kugeligen Form des Kompasses dürfte aber durch die Toleranz bei Neigungen ein solches Verklemmen genau wie ein Verkanten bei Schräghaltung weitgehend verhindert werden.

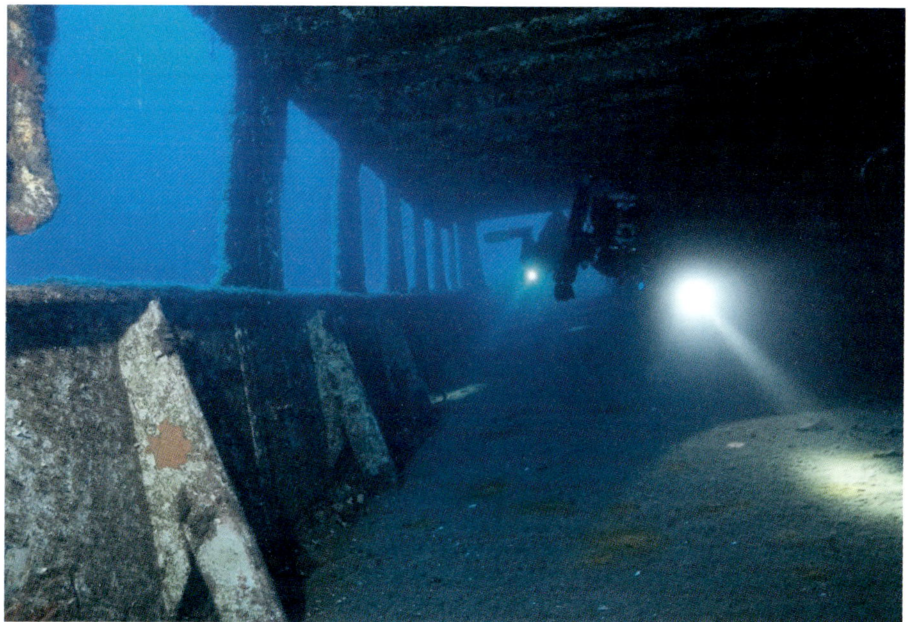

Tauchen an einem Wrack

Eine Ablenkung (auch **Deviation** genannt) kann die Kompassnadel auch durch andere metallische Gegenstände in der Umgebung erfahren. Die Tauchflasche selbst besteht in der Regel aus Stahl und übt so eine Ablenkungskraft aus. Auch die Tauchlampe kann die Kompassanzeige stark beeinflussen, manche Lampen haben auch einen magnetischen Einschalter mit großer Ablenkungswirkung.
Zur Vermeidung einer solchen Ablenkung sollte ein angemessener Abstand zu anderen metallischen Gegenständen bei der Kompasshaltung eingehalten werden. Du kannst auch vor dem Tauchgang ausprobieren, wie groß die Ablenkung durch deine eigenen metallischen Ausrüstungsgegenstände ist. Nähere dich dazu beispielsweise mit der eingeschalteten Lampe dem Kompass an und beobachte, wie weit die Kompassrose ihre Richtung ändert.
Die Ablenkung durch die Lampe lässt sich schon durch die Ausrüstungsanordnung (Konfiguration) vermeiden. Befestige den Kompass an der anderen Seite als die Lampe und nimm bei der Kompassablesung diesen in die andere Hand als die Lampe.

3.7 Kompassführung

Damit ein gewünschter Kurs sauber getaucht werden kann, muss er zunächst richtig bestimmt werden, und auch beim Tauchen selbst ist auf die richtige Haltung und auf Einflüsse zu achten.

Zur **Kursbestimmung** vor dem Tauchen können zunächst Informationen aus einer Karte abgelesen werden. Aus Seekarten können wie für die Navigation von Schiffen die gewünschten Kurse abgelesen und übertragen werden. Die Korrektur um die Missweisung wie bei der Schiffsnavigation kann für unsere Tauchnavigation vernachlässigt werden. Auch für viele Tauchseen gibt es Kartenmaterial mit Kompasskursen zwischen bestimmten Orten.

Zur Ermittlung eines Kurses kann bei vorhandenen Überwassermarkierungen – zum Beispiel markante Bäume, Leuchttürme, Felsen, Bojen – die Kompassrichtung zu dieser Markierung mithilfe einer **Peilung** bestimmt werden. Um eine Peilung mit unserem Tauchkompass aufzunehmen, wird der Kompass in Richtung der Peillinie mit dem Zielpunkt in Deckung gebracht und durch das Peilfenster der zugehörige Kurs abgelesen.

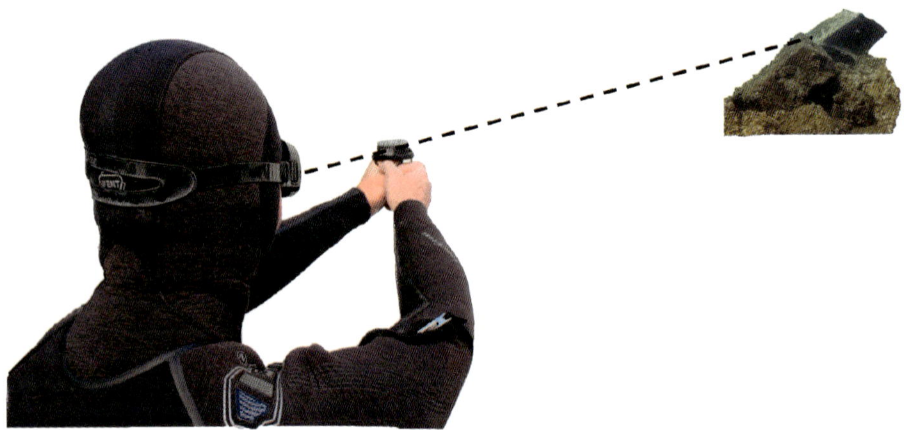

Peilung

Mit einer solchen Peilung kann man die Richtung bestimmen, aber für die genaue Bestimmung eines Ortes benötigt man zwei Peilungen (Kreuzpeilung) oder eine Peilung und eine Tiefenlinie. So kann auch über Wasser anhand von zwei Landpeilungen beispielsweise der genaue Ort eines Wracks aufgesucht werden.

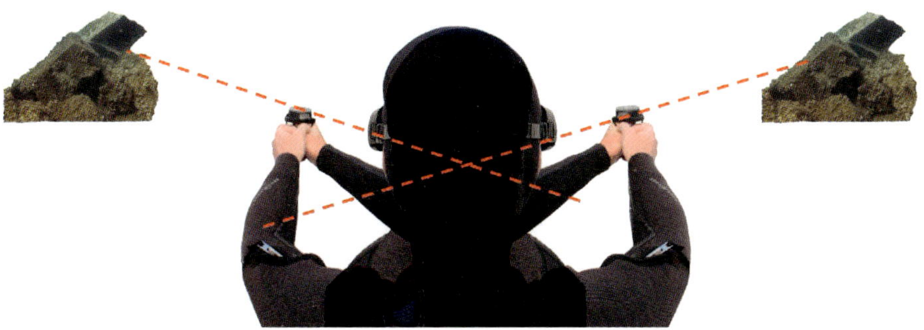

Kreuzpeilung

Um dann einen vorher bestimmten Kurs auch unter Wasser richtig zu tauchen und einzuhalten, ist

- eine gute Kompassführung,
- eine gute Tauchlage und
- eine angemessene Geschwindigkeit erforderlich.

Damit ein Kurs unter Wasser eingehalten werden kann, muss die Tauchrichtung mit der Peillinie des Kompasses in Deckung sein. Es ist also erforderlich, den Kompass so zu halten, dass er genau in unserer Längsrichtung (das ist ja in der Regel unsere Tauchrichtung) ausgerichtet ist. Eine solche Haltung gelingt am besten, indem der Kompass mit ausgestreckten Armen in Vorhalte genommen wird. Da er in dieser Haltung nicht am Arm befestigt ist, wird er mit einer Leine, ggf. mit einer ausziehbaren Leine (Retraktor), mithilfe eines Karabiners fest mit dem Taucher verbunden, um bei einem Loslassen nicht verloren zu gehen.

Eine Befestigung am Arm mit Armband oder Bungees ist auch möglich; dann gelingt es aber nur mit genauer Fixierung des Kompassarms im rechten Winkel zur Tauchrichtung, die gewünschte Richtung zu tauchen.

Ansonsten wird bei Armhalterung der Kompass in Relation zur Tauchrichtung leicht verkantet, und der getauchte Kurs weicht von der gewünschten Richtung ab.

Eine Befestigung des Kompasses in einer Konsole am Finimeter ist ungeeignet, weil durch den Finimeterschlauch schon fast automatisch eine Schräghaltung des Kompasses eingenommen wird.

Damit auch bei guter Kompasshaltung ein Kurs eingehalten wird, ohne dass durch leichte Abweichungen ein Querversatz eintritt, ist auch ein ausreichender Abstand der Augen vom Kompass erforderlich. Je geringer der Abstand der Augen vom

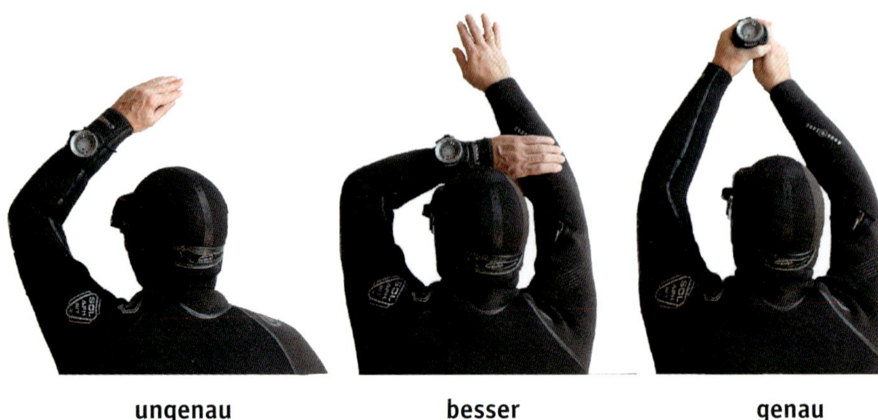

ungenau **besser** **genau**

Kompasshaltung am Arm, mit fixiertem Arm und in Vorhalte

Kompass in Richtung der Peillinie, desto größer ist der Querversatz bei gleicher Verdrehung des Kompasses aus der Bewegungsrichtung heraus.
Zu Abweichungen vom gewünschten Kurs kann es also durch die Fehlerfaktoren bei der Anzeigegenauigkeit des Kompasses, Geschwindigkeitsänderungen, Abweichungen aus der horizontalen Bewegung und auch durch Strömung (siehe Kapitel 4.8) kommen.

Die häufigsten getauchten Kurse sind

- ein gerader Hin- und Zurück-Kurs,
- ein Rechteckkurs oder
- ein Dreieckkurs.

Gerader Hin- und Zurück-Kurs

Der gerade Kurs ist üblich, um mit einem vorher bekannten Kurs zu einem bestimmten Ort und wieder zurück zum Ausgangspunkt zu gelangen. Dazu wird der Kompass so gehalten, dass er mit der Peillinie genau zu dem Ziel zeigt. Zur Fixierung dieses Kurses wird dann der Einstellring so gedreht, dass die Markierung genau mit dem Nordpfeil der Kompassrose in Deckung ist. Beim Tauchen muss nun nur diese Markierung mit dem Nordpfeil in Deckung bleiben, dann stimmt die Peillinie des Kompasses genau mit unserer gewünschten Richtung überein.
Um dann den Rückweg zu finden, ist eine Verstellung des Einstellrings nicht erforderlich, da gegenüber von der Hauptmarkierung eine zweite Markierung am Einstellring vorhanden ist, die genau um 180 Grad versetzt ist. Für den Rückweg

braucht der Nordpfeil nur mit dieser zweiten Markierung in Deckung gehalten werden, und so kann einfach der Gegenkurs eingehalten werden, bis der Ausgangspunkt wieder erreicht ist.
Achte dabei auf die Zeit, die du für den Hinweg gebraucht hast. Bei gleicher Tauchgeschwindigkeit und ohne Unterbrechungen benötigst du dann die gleiche Zeit für den Rückweg zum Ausgangspunkt.
Rechnerisch ergibt sich der Kurs für den Rückweg, indem du zu dem Hinkurs 180 Grad addierst oder subtrahierst.

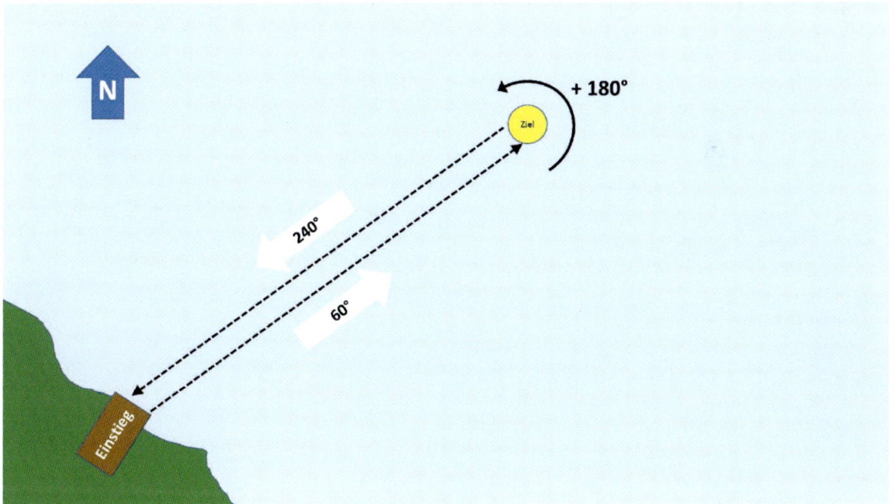

Gerader Hin- und Zurück-Kurs

Rechteckkurs

Wenn du nicht nur zu einem Ziel und zurück willst, sondern mehr Fläche erkunden möchtest, bietet sich ein Rechteckkurs an.
Dazu beginnst du mit dem ersten Schenkel und tauchst in diese erste Richtung für eine bestimmte Zeit. Anschließend drehst du dich im rechten Winkel nach rechts oder nach links, je nachdem in welcher Richtung das Rechteck getaucht werden soll.
Tauchst du das Rechteck rechts herum, sind dazu dann 90 Grad zum Ursprungskurs zu addieren, dies gilt dann auch für alle folgenden Schenkel. Ergibt sich dabei eine Zahl, die größer als 360 ist, so ziehst du 360 Grad ab, man fängt also bei 360 Grad wieder mit 0 Grad an, so wie bei einer Uhr nach 24 Uhr wieder mit 0 Uhr begonnen wird.

Beispiel: Beträgt der Kurs für den ersten Schenkel 100 Grad, so gilt für den zweiten Schenkel ein Kurs von 190 Grad, für den dritten Schenkel 280 Grad und für den vierten Schenkel 10 Grad (280 + 90 ergibt 370, 370 – 360 ergibt 10).
Tauchst du links herum, ziehst du vom Ursprungskurs 90 Grad ab und dies dann auch bei allen folgenden Schenkeln.
Damit du dann auch wieder am Ausgangspunkt ankommst, müssen der erste und der dritte Schenkel sowie der zweite und der vierte Schenkel gleich lang sein, die jeweilige Tauchzeit der Schenkel ist also zu merken. Dies funktioniert als Maß für die Entfernung dann, wenn mit einer gleichmäßigen Geschwindigkeit getaucht wird.

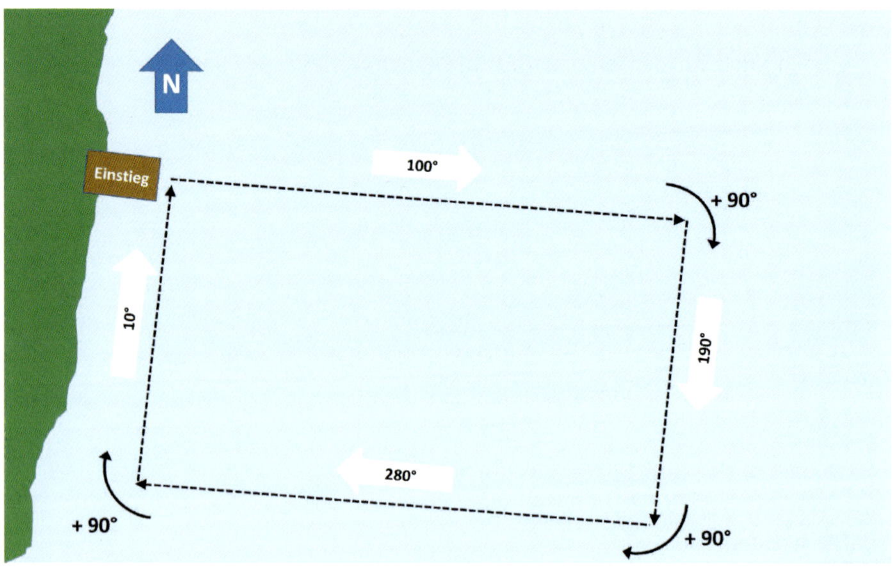

Rechteckkurs

Dreieckkurs

Wenn du ein Ziel nicht auf direktem Wege antauchst, aber auf direktem Wege zurück möchtest, ergibt sich oft ein Dreieckkurs. Dies macht die Kompassführung schwieriger, weil mehrere Richtungswechsel mit dem Verstellen des Einstellrings für mehrere Kurse erforderlich werden. Ein Dreieckkurs kann standardisiert ein gleichseitiges Dreieck oder auch ein gleichschenkliges Dreieck mit rechtem Winkel sein. Überlege dir vorher, welche Kurse du dann für die jeweiligen Schenkel einzustellen hast.

Ein rechtwinkliges Dreieck ergibt sich beispielsweise beim Tauchen an einer Böschung, wenn du zunächst im Flachbereich parallel zum Ufer bis zu der Stelle tauchst, an der es dann rechtwinklig auf die Tiefe zum Zielort geht. Wenn dann die Strecke und Zeit parallel zum Ufer mit der Strecke und Zeit zum Zielort übereinstimmen, ergibt sich rechnerisch der Kurs für den Rückweg. Tauchst du im Uhrzeigersinn, so addierst du nach dem ersten Schenkel 90 Grad zum Anfangskurs und addierst nach dem zweiten Schenkel 135 Grad, um zum Ausgangspunkt zurück zu gelangen. Tauchst du gegen den Uhrzeigersinn, so subtrahierst du nach dem ersten Schenkel 90 Grad und subtrahierst nach dem zweiten Schenkel 135 Grad. Beispiel: Der Anfangskurs ist Richtung Norden, also 0 Grad. Dann biegst du links ab, du ziehst also 90 Grad ab (0 Grad entspricht hier 360 Grad) und erhältst 270 Grad, also die Westrichtung. Für den Rückkurs ziehst du 135 Grad ab, daraus ergibt sich auch für den Kus zum Ausgangspunkt 135 Grad, das ist die Richtung Südosten.

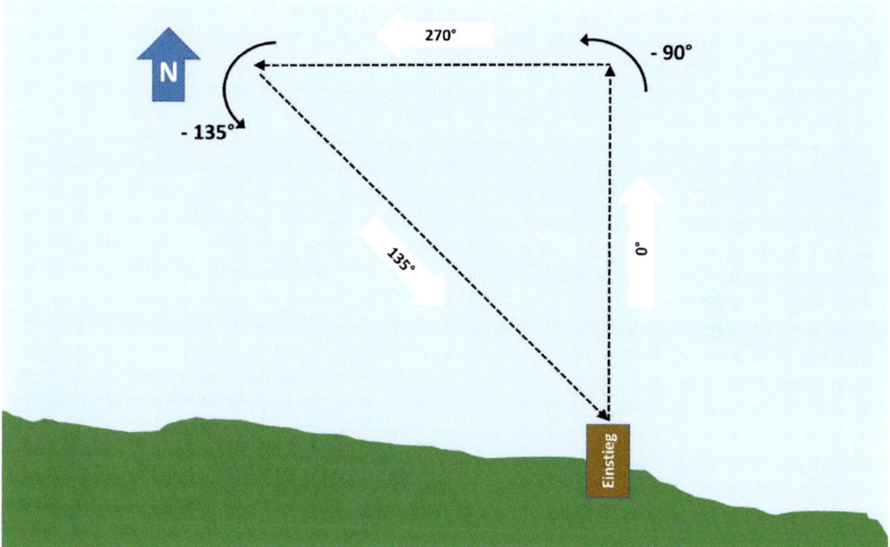

Dreieckkurs

Bei einem gleichseitigen Dreieck addierst oder subtrahierst du an jeder Ecke 120 Grad zum Kurs.

4. Orientierung in der Tauchpraxis

4.1 Längerfristige Vorbereitungen

Die Voraussetzungen für eine gute Orientierung werden bereits im Rahmen der Vorbereitung gesetzt. Besorge dir Informationen über das Tauchgebiet von Ortskundigen oder auch aus Seekarten, denen du die Topografie des Gebietes entnehmen kannst.
Auch das Wetter ist für die Orientierung wichtig. Beachte daher die Wettervorhersage für deinen geplanten Tauchgang, insbesondere hinsichtlich Windstärke und Windrichtung.
Die Strömungsverhältnisse können ebenfalls bereits im Rahmen der Vorbereitung in gewissem Rahmen vorbestimmt werden. Gezeitenströmungen lassen sich mithilfe von Gezeitentafeln und dem Verlauf der Strömung aufgrund der Topografie, an Engstellen oder Hindernissen planen.
Auch die für die natürliche Orientierung wichtigen Sichtverhältnisse sind aufgrund der Erfahrungen hinsichtlich der Sicht in der jeweiligen Jahreszeit abzuschätzen, genauer sind aber aktuelle Informationen von Ortskundigen und von Tauchern, die in jüngster Zeit in dem Gewässer tauchen waren.
Die für die Orientierung nutzbare Zusatzausrüstung wie beispielsweise einen gut ablesbaren Kompass mit geeigneter Befestigungsmöglichkeit schaffst du dir auch rechtzeitig vor dem Tauchgang an, gegebenenfalls kann ein Kompass auch ausgeliehen werden. Die Funktionsfähigkeit sollte vorher überprüft werden.
Überlege dir schon vor dem Tauchgang, wie und wohin du tauchen möchtest, welche Maßnahmen du dafür vorher ergreifen kannst und welche Orientierungshilfen dir zur Verfügung stehen.

4.2 Vorbereitung vor Ort

Am Tauchplatz angekommen versuchst du dir ein möglichst gutes Bild von den Unterwasserverhältnissen zu machen – wir denken uns das Wasser einfach weg. Mit einem **Echolot** in Verbindung mit dem GPS-System und Landpeilungen kann ein Schiff die gewünschte Position aufsuchen, und mit dem Echolot können auch die Tiefenverhältnisse festgestellt werden.
Um dich unter Wasser zu orientieren – nicht nur als Gruppenführer, sondern auch als Mittaucher solltest du das können – nimmst du bereits über Wasser wichtige

Kompasspeilungen vor. Ermittle zunächst die **eigene Position** auf dem Schiff oder am Ufer in Relation zum Zielort. Du benötigst aber nicht nur die Richtung zum Zielort, sondern auch die Richtung zurück zum Ufer und die Richtung von Gefahrenstellen, von denen du dich gerade fernhalten willst.

Schau dir auch genau an, wie die Gegend um den Ankerplatz oder den Landeinstieg herum aussieht. Steilwände, Buchten, Uferverläufe setzen sich auch unter Wasser meist fort. So kannst du von der Überwasserlandschaft **Rückschlüsse auf die Unterwasserlandschaft** ziehen.

Beim Tauchen im Meer liegt oft eine **Strömung** vor, die uns bei der Orientierung sogar hilft. An Bord eines geankerten Schiffes kannst du die **Oberflächenströmung** feststellen, indem du an der Oberfläche treibende Gegenstände oder Blasen beobachtest, insbesondere mit welcher Geschwindigkeit diese nach achtern treiben. Das gibt dir Aufschlüsse über die Strömungsstärke an der Oberfläche.

Für die **Strömungsrichtung** unter Wasser ist das nur ein grober Anhalt, weil die Oberflächenbewegung auch noch vom Wind beeinflusst wird.

Ebenso ist die Ausrichtung des Schiffes nicht unbedingt die Strömungsrichtung, denn auch diese wird durch den Zusammenhang zwischen **Wind** und Strömung beeinflusst. Je mehr Angriffsfläche für den Wind über der Wasserlinie besteht, desto mehr bestimmt der Wind die Ausrichtung, während ein Schiff mit einem größeren Anteil des Rumpfes unterhalb der Wasserlinie sich mehr nach der Strömungsrichtung ausrichtet.

Auch die bei Strömung ausgebrachte **Strömungsleine** am Heck des Schiffes ist zur Bestimmung der Strömungsrichtung nur bedingt geeignet, da sie ebenfalls dem Windeinfluss unterliegt, besonders eine am Ende befestigte Boje. Hängen hingegen Taucher an der Strömungsleine, so werden diese hauptsächlich von der Oberflächenströmung erfasst.

Zur Richtungsbestimmung vor dem Tauchgang dient dir neben der Kompasspeilung und der Strömungsrichtung als natürliches Hilfsmittel der **Sonnenstand**. Merke dir also vor dem Tauchgang, in welchem Winkel die Sonne in Bezug auf deinen geplanten Tauchkurs steht und überlege dir, in welcher Richtung du die Sonne dann beim Rückweg sehen musst.

4.3 Grundsätze zur Kompass- und Gruppenführung

Nimm dir ausreichend Zeit für die Kompasspeilung und führe diese mit Ruhe und Sorgfalt durch, denn schon kleine Ungenauigkeiten bei der Peilung haben je nach Tauchstrecke größere Abweichungen zur Folge.

Wenn du dir beim Tauchgang unsicher bist, wo du dich befindest oder wie du wieder zum Ausgangspunkt zurückkommst, tauche aus bis an die Oberfläche und orientiere dich dort neu. Da dies jedoch eine gewisse Zeit dauert, Luft kostet und auch die Austauchpausen sowie der Sicherheitsstopp zwischengeschoben werden müssen, sollte das möglichst vermieden werden. Beim Auftauchen im Meer bei Strömung besteht bei einem Blauwasseraufstieg ohne Bezug zu einem Felsen oder zu der Ankerleine immer das Risiko, durch die Strömung versetzt zu werden.

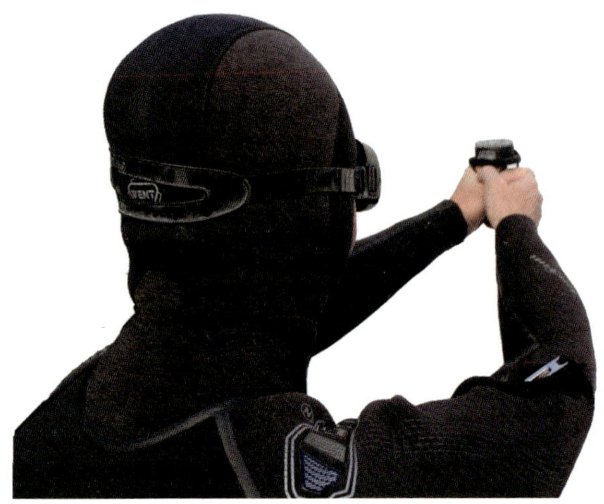

Kompasspeilung

Um einen bestimmten Kurs nach Kompass zu tauchen, nimm den Kompass am besten an deinen gestreckten Armen in Vorhalteposition, damit er genau in Tauchrichtung gehalten wird und über den Abstand der Augen vom Kompass der Kurs möglichst genau abgelesen wird.

Zur guten Kurshaltung nimmst du im austarierten Zustand eine gestreckte Lage ein und bewegst dich mit gleichmäßigem Flossenschlag mit einer mittleren Geschwindigkeit zügig vorwärts. Bei zu langsamem Tauchen ergeben sich leicht Abweichungen in der Tauchrichtung, zu schnelles Tauchen hingegen kann die Mittaucher überfordern. Diese sollten sich möglichst auf gleicher Höhe wie der Kompassführer befinden (also seitlich aufschließen), denn jedes Umdrehen zu den Mittauchern führt wieder zu einer Unterbrechung der Kurshaltung und begünstigt Abweichungen. Wird ein Kurs nicht über Grund, sondern im freien Wasser getaucht, ist außerdem noch regelmäßig zu kontrollieren, ob die Tauchtiefe auch eingehalten wird. Bei Bedarf können die Mittaucher dir auch helfen, indem sie mit ihrer Lampe deinen Kompass anleuchten. Dadurch weißt du auch direkt, wo sie sich befinden,

ohne dich zu ihnen umdrehen zu müssen, denn neben der Orientierung muss natürlich weiterhin die Gruppe überwacht werden.
Um beim Tauchen vom geankerten Boot dieses am Ende des Tauchgangs wieder zu finden, benötigst du die Position des Ankers. Nur wenn du dir zu Beginn des Tauchgangs die Ankertiefe merkst, kannst du auf der entsprechenden Tiefenlinie tauchend beim Rückweg den Anker wiederfinden. Wählst du deinen Kurs am Ende des Tauchgangs quer zur Ankerleine, dann hast du eine größere Chance, auf diesem Weg die Ankerleine zu erblicken.
Präge dir zu Beginn des Tauchgangs auch die Umgebung des Ankers an, damit du besser eingrenzen kannst, wo der Anker hinterher zu suchen ist.
Präge dir auch während des Tauchgangs markante Punkte ein und merke dir die zugehörigen Tiefen. Drehe dich regelmäßig um, damit du einen optischen Eindruck für das Wiederfinden des Rückwegs erhälst.

4.4 Einsatz und Kombination aller Orientierungshilfen

Benutze den Kompass als Hilfsmittel, wenn du im freien Wasser eine Strecke zurückzulegen hast. Bei schlechter Sicht ist ein Kompass erforderlich, da dann die natürlichen Orientierungshilfen teilweise oder vollständig entfallen.
Sind hingegen ausreichend natürliche Orientierungshilfen vorhanden, so benötigst du den Kompass nicht für die Orientierung. In der Nähe von Metall ist der Einsatz des Kompasses ohnehin kaum möglich. Dann solle aber trotzdem vorher die Kompassrichtung für den Rückweg zum Ausgangspunkt ermittelt werden, um bei Orientierungsverlust in einem gewissen Abstand von dem Metall wieder eine grobe Richtungsangabe zu haben.
Wenn du den Kompass während des Tauchgangs zur Kontrolle deines Kurses einsetzt, dann schau nicht ständig auf den Kompass, sondern hauptsächlich in die Umgebung, um alle anderen vorhandenen Orientierungshilfen zu nutzen und auch deine Mittaucher im Blick zu behalten. Beim Tauchen einer Strecke nach Kompasskurs im freien Wasser hingegen ist schon ein intensiveres Beobachten des getauchten Kurses erforderlich.

4.5 Änderung der Rahmenbedingungen

Nicht alle vorgesehenen Orientierungshilfen bleiben verfügbar, wenn sich beim Tauchgang die Rahmenbedingungen verändern.

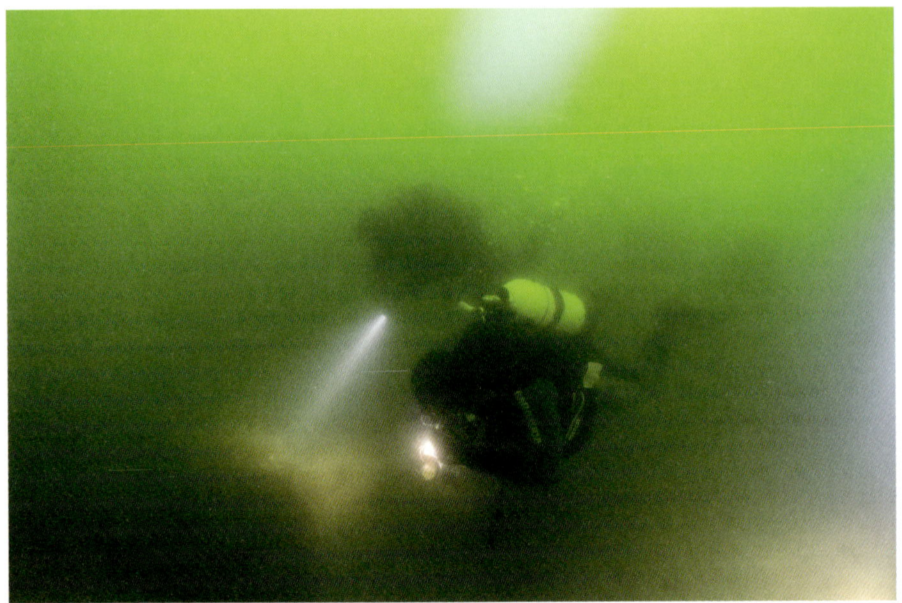

Schlechte Sicht

Natürliche Orientierungshilfen können entfallen, wenn sich die Sicht verschlechtert, Bewölkung aufzieht, markante Punkte fehlen oder die Landschaft gleichförmig ist. Auch die Strömung kann sich während des Tauchgangs ändern, beispielsweise bei einem Gezeitenwechsel oder bei Ablenkung durch Felsen. Fremde Boote in der Nähe können dich beim Wiederauffinden des eigenen Tauchbootes behindern, und bei Nacht fallen durch die Dunkelheit ohnehin die meisten Orientierungshilfen weg.
Aber auch technische Orientierungshilfen können eingeschränkt werden, wenn beispielsweise der Kompass durch Wrackteile, andere eisenhaltige Gegenstände, die Tauchflasche, die Lampe oder durch den Magnetschalter der Lampe abgelenkt wird. Deshalb ist es immer sinnvoll, mehrere Orientierungshilfen gemeinsam einzusetzen.

4.6 Verhalten und Maßnahmen bei Verlust der Orientierung

Auch bei guter Planung und Vorbereitung kann nicht ausgeschlossen werden, dass du beim Tauchgang die Orientierung verlierst und nicht mehr weißt, wo du bist oder wie du zurück zum Ausgangspunkt kommst.
Ursachen dafür können die bereits oben aufgeführten Änderungen von Rahmenbedingungen sein, aber auch gleichförmige Landschaft oder gar unregelmäßig verlaufende Bodenwellen. Natürlich kannst du auch die Orientierung verlieren, wenn du Fehler bei der Einhaltung des Kurses machst oder beim Tauchen durch andere Gegebenheiten so abgelenkt wirst, dass du den Kurs für den Rückweg verlierst. Schließlich kann jeder auch Orientierungshilfen, die er sich eingeprägt hat, wieder vergessen, oder es befinden sich beim Rückweg unerwarteterweise ähnliche Orientierungshilfen an anderen Stellen.
Tauchst du mit dem voreingestellten Kurs zurück in Richtung Ufer oder Land und triffst du dann schließlich auch darauf, dann stellt sich die anschließende Frage, ob sich dein Ausgangspunkt rechts oder links von deiner Position befindet. Tauchst du in die falsche Richtung, entfernst du dich sogar vom Ausgangspunkt.
Aus dem Verlust der Orientierung können sich Gefahren entwickeln, die grundsätzlich vermeidbar sind. Tauchst du nicht wieder am Ausgangspunkt auf, können sich lange Schnorchelstrecken ergeben, die nicht nur anstrengend sind, sondern im Meer auch ein weiteres Abtreiben bei Strömung zur Folge haben können. Falls ein Zurückschnorcheln nicht möglich ist, muss der Bootsführer die Gruppe mit dem Beiboot oder gar mit dem Tauchboot selbst einholen und dadurch die Sicherung für die anderen Tauchgruppen vernachlässigen.
Zur Vermeidung von weiteren Problemen sind daher Grundsätze für das Verhalten bei Verlust der Orientierung wichtig.

Verhalten beim Tauchgang von Land ohne Strömung

- Ruhe bewahren,
- die anderen Gruppenmitglieder um Rat fragen,
- falls niemand den richtigen Kurs weiß, in Kreisformation unter Beachtung der Austauchregeln auftauchen,
- an der Oberfläche OK-Zeichen zur Sicherungsgruppe geben,
- Peilen des richtigen Kurses,
- je nach Situation zurückschnorcheln oder (falls noch genug Luft vorhanden ist) Tauchgang fortsetzen oder auf 3–6 m zurück tauchen,
- Analyse der Ursache für die Fehlorientierung.

Verhalten beim Tauchgang vom Boot oder bei Strömung

- Ruhe bewahren,
- die anderen Gruppenmitglieder um Rat fragen,
- falls niemand den richtigen Kurs weiß, **gegen die Strömung** unter Beachtung der Austauchregeln aber ohne weitere Verzögerung auftauchen,
- möglichst vorlicher als querab vom Boot auftauchen, um nicht gegen die Strömung zum Boot zurückschnorcheln zu müssen;
- an der Oberfläche OK-Zeichen zur Sicherungsgruppe oder Bootsbesatzung geben;
- an der Oberfläche schnelles Handeln (sonst Gefahr des Abtreibens),
- je nach Situation Entscheidung, ob zurückgeschnorchelt oder der Tauchgang fortgesetzt werden soll,
- ggf. Peilen des richtigen Kurses,
- Analyse der Ursache für die Fehlorientierung.

Da das Zurücktauchen in geringer Tiefe weniger anstrengend ist als das Schnorcheln, andererseits aber beim Zurücktauchen ein erneutes Verfehlen des Zielorts wahrscheinlich ist, kann das Zurücktauchen auch mit dem Schnorcheln kombiniert werden. Hierzu schnorchelt ein möglichst gut konditionierter Taucher an der Oberfläche und zeigt mit den Händen den Kurs an, während der Rest der Gruppe unter Blickkontakt zum Schnorchler in etwa drei Meter Tiefe hinterhertaucht.
Bei Tauchgängen mit Strömung (außer bei Drifttauchgängen) ist es äußerst wichtig, den Anker und damit das Boot wiederzufinden, da anderenfalls ein Blauwasseraufstieg durchzuführen ist, bei dem jeglicher Bezug zur Umgebung fehlt. Ohne Sichtkontakt zu einem Bezugspunkt erfolgt so ein unkontrolliertes Abtreiben durch die Strömung. Daher muss diese Zeit des Aufstiegs ohne Sichtkontakt so kurz wie möglich gehalten werden, und der Strömungsversatz kann durch gleichzeitiges Anschwimmen gegen die Strömung reduziert werden. Ziel muss es sein, nicht hinter dem Boot aufzutauchen, da sonst ein Zurückschnorcheln an der Oberfläche schwierig bis unmöglich werden kann.

4.7 Orientierung als Aufgabe der Gruppe

Die Orientierung unter Wasser ist die Grundvoraussetzung für die Durchführung eines sicheren Tauchgangs und das Wiederfinden des Ausgangspunktes. Nicht nur der Gruppenführer ist für die Orientierung verantwortlich, sondern jedes Gruppenmitglied. Es kann durchaus sein, dass der Gruppenführer sich unsicher über den weiteren Kurs ist. Dann ist es hilfreich, wenn die Mittaucher einen Plan haben und mithelfen können, den richtigen Kurs wieder zu finden. Auch wenn der Gruppenführer einen falschen Kurs taucht und Mittaucher dies bemerken, sollten sie den Gruppenführer darauf aufmerksam machen. Über den tatsächlichen Kurs der Gruppe entscheidet dann aber der Gruppenführer.

4.8 Orientierung bei Nacht oder bei Strömung

Bei Nachttauchgängen entfallen viele der tagsüber verfügbaren Orientierungshilfen. Um den Einstieg wieder zu finden, sollte dieser durch eine Beleuchtung markiert werden. Dies betrifft einen Einstieg von Land genauso wie einen Einstieg vom Boot. Beim Tauchgang vom Boot sollte das Boot über Wasser durch die Deckbeleuchtung zu erkennen sein, und unter Wasser sollte an der Leiter sowie an der Ankerleine etwa ein bis zwei Meter oberhalb des Grundes ein Licht oder ein Blitzer angebracht werden, sodass es auch aus einiger Entfernung als Orientierungsmerkmal erkannt werden kann.

Bei Nachttauchgängen ist auf die Ablenkung des Kompasses durch die Lampe zu achten. Ein Kompass sollte eine nachleuchtende Kompassrose haben, damit der Kurs auch ohne ständiges Anleuchten abgelesen werden kann. Nachts ist auch die Gefahr größer, aufgrund von Fehlorientierung den Ausgangspunkt nicht wieder zu finden. Daher sollte vorher eine maximale Entfernung vom Ausgangspunkt vereinbart werden.

Das Tauchen bei Strömung ist in den meisten Tauchgebieten im Meer der Normalfall. Die Strömung, sofern sie nicht zu stark ist, ist für die Orientierung durchaus hilfreich, da sie meistens eine bestimmte Richtung markiert. Zum Tauchgangsbeginn wird die Strömungsrichtung und -stärke ermittelt, wobei auf Unterschiede zwischen Oberflächen- und Grundströmung zu achten ist. Der Tauchgang sollte gegen die Oberflächenströmung begonnen werden, damit sie beim Wiederauftauchen den Rückweg erleichtert. Am Grund ist es hilfreich, den Hin- und Rückkurs quer zur Ankerleine zu wählen, um diese beim Rückweg besser auf der passenden Tiefenlinie wieder zu finden.

Unter Wasser ist die Strömungsrichtung beispielsweise durch die Neigung der Pflanzen oder die Ausrichtung der Fische zu erkennen und kann so als Orientierungshilfe genutzt werden. Ein Aufstieg im Freiwasser sollte zügig und gegen die Oberflächenströmung erfolgen, ein Rückweg im Freiwasser nach Kompasskurs nur mit einem um den Strömungsversatz korrigierten Kurs. Auch bei Tauchgängen mit Strömung sollte eine maximale Entfernung vom Einstieg oder vom Boot vereinbart werden.

Die Strömung ist beim Tauchen für die Orientierung mit einzukalkulieren. Je nachdem, ob die Strömung von vorne oder von hinten kommt, werden unterschiedliche Strecken bei gleicher Zeit zurückgelegt. Dieser Unterschied kann geschätzt werden und wird dann in die Zeit für den Hin- und Rückweg eingerechnet. Kommt die Strömung von der Seite, so bewirkt sie einen Versatz. Um den realen Kurs über Grund zu tauchen, muss man beim Tauchen gegen diesen Versatz vorhalten, aber auch nicht zu viel.

Eine gute Möglichkeit bietet sich bei guter Sichtweite, indem zunächst die gewünschte Richtung mit dem Kompass angepeilt wird und dann ein markanter Punkt auf diesem Kurs gemerkt wird. Dieser wird dann angetaucht und anschließend der nächste markante Punkt angepeilt und fixiert, sodass man von Punkt zu Punkt auf dem gewünschten Kurs weiterkommt. Auf dem Weg zu diesem Punkt nimmt die Tauchrichtung mit der Längsachse des Tauchers einen um die Strömung korrigierten Kurs ein. Dieser Kompasskurs führt dann zu dem gewünschten tatsächlichen Kurs über Grund und kann auch als Anhalt dienen, wenn keine markanten Punkte auf dem weiteren Weg zur Verfügung stehen.

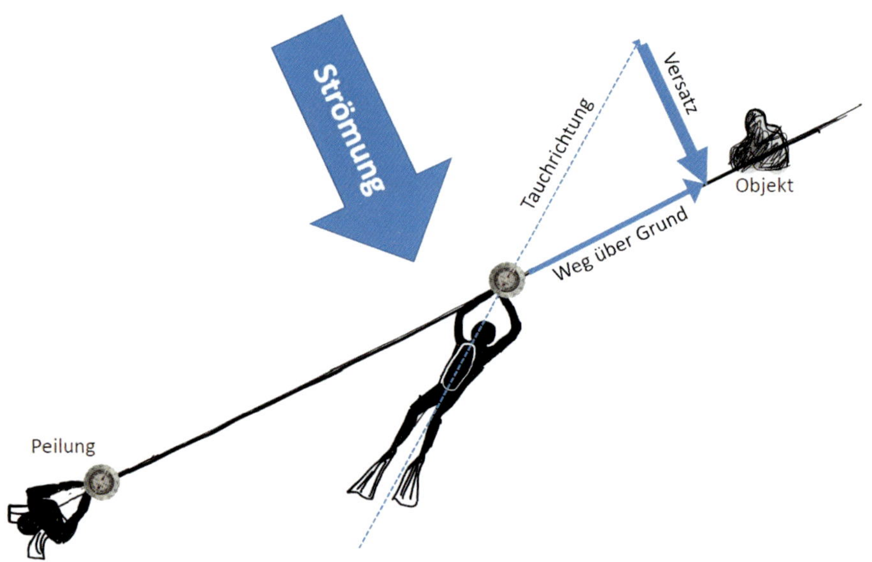

Orientierung mit Kompass bei Strömung

5. Praxisübungen

Bei dem ersten Tauchgang können mehrere Kursteilnehmer (je nach Gewässerbeschaffenheit) mit dem Ausbilder in einer Gruppe tauchen. Bei den Tauchgängen zwei bis vier muss jeder Kursteilnehmer jeden Tauchgang einmal als Gruppenleiter führen. Die Gruppe soll jedoch außer dem Ausbilder und dem führenden Kursteilnehmer mindestens einen weiteren Taucher enthalten. Daher werden die Tauchgänge zwei bis vier im Rahmen dieses Kurses mehrmals je Kursteilnehmer durchgeführt.
Die Gruppengröße, Tauchtiefe und Tauchzeit werden der Situation entsprechend vom Ausbilder festgelegt.
Das richtige Peilen und Einhalten von Kursen mit dem Kompass sollte vor den eigentlichen Tauchgängen ohne Tauchausrüstung an Land beispielsweise auf einem großen Platz oder einer Wiese geübt werden, indem nach Vorgabe bestimmte Kurse gepeilt und zu Fuß abgeschritten werden. Dabei wird die optische Orientierung an der Umgebung ausgeschaltet, indem beispielsweise ein Tuch über den Kopf gelegt wird. So bleibt der Blick auf den Kompass weiterhin möglich, aber die Umgebung wird nicht gesehen.

5.1 Tauchgänge bei Kurs im Binnensee

Erster Tauchgang: Einprägen der natürlichen Gegebenheiten

Als Gruppenmitglied ohne Benutzung des Kompasses.
Abtauchen entlang dem Uferprofil querab zum Ufer.
Nach Erreichen der abgesprochenen Tauchtiefe ca. 10 Minuten tauchen parallel zum Ufer.
Dann entlang des Grundes auftauchen bis auf ca. 5 m und unter Beachtung der Tauchzeit parallel zum Ufer zum Einstieg zurücktauchen und dort auftauchen.

Ziel:

Die Kursteilnehmer sollen sich bei dem Tauchgang Uferprofil, markante Gegenstände und andere natürliche Gegebenheiten einprägen und erkennen, wie der Ausbilder als Gruppenführer den Einstieg ohne Benutzung des Kompasses wiederfindet.

Zweiter Tauchgang: Führung eines Rechteckkurses

Die Kursteilnehmer führen einen Tauchgang ohne Benutzung des Kompasses mit folgendem Profil:
Abtauchen entlang dem Uferprofil querab zum Ufer, anschließend ca. 10 Minuten parallel zum Ufer, anschließend auf ca. 5 m zurücktauchen parallel zum Ufer und am Einstieg auftauchen.

Ziel:

Die Kursteilnehmer sollen ohne Benutzung des Kompasses den Tauchgang als Gruppenführer führen und die Einstiegsstelle wiederfinden.

Dritter Tauchgang: Führung eines Dreieckkurses mit Kompass

Die Kursteilnehmer führen einen Tauchgang mit folgendem Profil:
Abtauchen entlang dem Uferprofil querab zum Ufer auf die vorher besprochene Tauchtiefe. Anschließend taucht die Gruppe ca. 5 bis 10 Minuten parallel zum Ufer, danach wird mit direktem Kurs zurück zum Einstieg getaucht. Je nach Schwierigkeitsgrad des Gewässers entscheidet der Ausbilder, ob die Abweichung des Auftauchortes vom Einstieg tolerierbar ist.
Danach schnorchelt die Gruppe unter Leitung eines Kursteilnehmers ca. 5 Minuten vom Ufer weg und wird von ihm mit Kompass möglichst ohne Sichtkontakt zum Gewässerboden in ca. 5 m Tiefe zum Einstiegsort zurückgeführt.
Bezüglich der Abweichung gilt das Gleiche wie bei dem vorhergegangenen Tauchgang.

Ziel:

Die Kursteilnehmer sollen zeigen, dass sie in der Lage sind, mit dem Kompass einen Dreieckkurs zu tauchen. Dabei sollen sie sich jedoch nicht an den Kompass allein halten, sondern durchaus andere Hilfsmittel wie die Zeit und die Tiefenlinie hinzuziehen.
Sie sollen sich nicht so auf die Einhaltung des Kurses konzentrieren, dass sie die Gruppenführung vergessen, da diese immer die Hauptsache ist.
Sie sollen weiterhin zeigen, dass sie beim Schnorcheln und beim Tauchen im freien Wasser die Gruppe zusammenhalten können und dabei den vorgesehenen Kurs einhalten.

Vierter Tauchgang: Abgabe der Gruppenführung während des Tauchgangs

Der Ausbilder führt die Gruppe ca. 10 Minuten einen beliebigen Kurs. Anschließend bestimmt er ein Gruppenmitglied, das die Gruppenführung übernimmt und die Gruppe zum Einstieg unter Benutzung jedes beliebigen Hilfsmittels zurückführt.

Ziel:
Die Kursteilnehmer sollen zeigen, dass sie auch als Gruppenmitglied unter Wasser ständig die Orientierung behalten, um die Gruppe zum Einstieg zurückführen zu können.

5.2 Tauchgänge bei Kurs im Meer

Erster Tauchgang: Einprägen der natürlichen Gegebenheiten

Als Gruppenmitglied ohne Benutzung des Kompasses.
Abtauchen an der Ankerleine.
Nach Erreichen des Grundes ca. 10 Minuten in eine Richtung tauchen. Dann den umgekehrten Kurs unter Beachtung der Tauchzeit zum Anker zurücktauchen und dort auftauchen.
Ziel:
Die Kursteilnehmer sollen sich bei dem Tauchgang markante Gegenstände, Tiefe, und andere natürliche Gegebenheiten einprägen und erkennen, wie der Ausbilder als Gruppenführer den Anker ohne Benutzung des Kompasses wiederfindet.

Zweiter Tauchgang: Führung eines Tauchgangs ohne Kompass

Die Kursteilnehmer führen einen Tauchgang ohne Benutzung des Kompasses mit folgendem Profil:
Abtauchen an der Ankerleine zum Grund, anschließend ca. 10 Minuten vom Anker wegtauchen und danach zum Anker zurücktauchen und dort auftauchen.
Ziel:
Die Kursteilnehmer sollen ohne Benutzung des Kompasses den Tauchgang als Gruppenführer führen und den Anker wiederfinden.

Dritter Tauchgang: Führung eines Dreieckkurses mit Kompass

Die Kursteilnehmer führen einen Tauchgang mit folgendem Profil:
Abtauchen an der Ankerleine zum Grund.
Anschließend taucht die Gruppe ca. 5 bis 10 Minuten vom Anker weg, dann Kursänderung um 90 Grad und ca. 5 bis 10 Minuten Fortsetzung des Tauchgangs in dieser Richtung.
Danach wird mit direktem Kurs zurück zum Anker und dort aufgetaucht.
Danach schnorchelt die Gruppe unter Leitung eines Kursteilnehmers ca. 5 Minuten vom Boot weg und wird von ihm mit Kompass möglichst ohne Sichtkontakt zum Grund in ca. 5 m Tiefe zum Anker zurückgeführt.

Ziel:
Die Kursteilnehmer sollen zeigen, dass sie in der Lage sind, mit dem Kompass einen Dreieckkurs zu tauchen. Dabei sollen sie sich jedoch nicht an den Kompass allein halten, sondern durchaus andere Hilfsmittel wie die Zeit und die Tiefenlinie hinzuziehen.
Sie sollen sich nicht so auf die Einhaltung des Kurses konzentrieren, dass sie die Gruppenführung vergessen, da diese immer die Hauptsache ist. Sie sollen weiterhin zeigen, dass sie beim Schnorcheln und beim Tauchen im freien Wasser die Gruppe zusammenhalten können und dabei den vorgesehenen Kurs einhalten. Wird der Anker nach der normalerweise notwendigen Zeit nicht erreicht, so wird aufgetaucht und zurück geschnorchelt. Wurde der Anker beim Auftauchen nach der Sollzeit nur leicht verfehlt, so gilt das Ziel als erreicht.

Vierter Tauchgang: Abgabe der Gruppenführung während des Tauchgangs

Der Ausbilder führt die Gruppe ca. 10 Minuten einen beliebigen Kurs. Anschließend bestimmt er ein Gruppenmitglied, das die Gruppenführung übernimmt und die Gruppe zum Anker unter Benutzung jedes beliebigen Hilfsmittels zurückführt.
Ziel:
Die Kursteilnehmer sollen zeigen, dass sie auch als Gruppenmitglied unter Wasser ständig die Orientierung behalten, um die Gruppe zum Anker zurückführen zu können. Wird beim Tauchgang der Anker nach der normalerweise notwendigen Zeit nicht erreicht, so wird aufgetaucht und zurück geschnorchelt.
Wurde der Anker beim Auftauchen nach der Sollzeit nur leicht verfehlt, so gilt das Ziel als erreicht.

6. Ziel erreicht?

Das Ziel des Aufbaukurses Orientierung beim Tauchen war, dass du die Möglichkeiten der Orientierung mit und ohne technische Hilfsmittel kennen lernst und die praktische Anwendung des Erlernten beim Tauchen übst.
Mit diesem Kurs solltest du die Grundlagen der Orientierung erlernt haben, aber nur durch regelmäßiges Üben und Festigen des Erlernten wirst du die gewünschte Sicherheit in der Orientierung erlangen. Die eigentliche Erfahrung kommt erst mit der Anzahl der Tauchgänge und den immer wieder unterschiedlichen Gegebenheiten bei den Tauchgängen.
Ob du das Ausbildungsziel dieses Kurses erreicht hast, stellt dein Kursleiter zusammen mit deinen Ausbildern fest. Dies geschieht im theoretischen Teil in Form von Lehrgesprächen und im praktischen Teil durch zielorientierte Beobachtung. Durch das Rotationsprinzip von Gruppenführung, Teilnehmern und Ausbildern soll eine objektive Beurteilung und eine vielseitige Ausbildung gewährleistet werden.
Für die Lernerfolgskontrolle der theoretischen Inhalte kann eine mündliche oder schriftliche Abfrage erfolgen. Hierzu können die in diesem Buch zusammengestellten Fragen verwendet werden. Dein Kursleiter kann dir dazu entweder im Theorieunterricht einfache mündliche Fragen stellen oder einen kurzen schriftlichen Fragebogen zusammenstellen, um zu erkennen, ob du die vermittelten Themen verstanden hast. Du kannst die hier zusammengestellten Fragen auch zum Selbstcheck nutzen, indem du sie für dich beantwortest und mit der möglichen Lösung vergleichst.

6.1 Selbstcheck

Bei vorgegebenen Antworten können auch mehrere Antworten richtig sein.

1. Warum ist Orientierung beim Tauchen so wichtig?

a zur Sicherheit
b um möglichst viele Fische zu sehen
c zur Verkürzung der Tauchzeit
d zur Justierung des Kompasses
e zum Wiederfinden des Ausgangspunktes

2. Welche Gefahren sind bei Fehlorientierung möglich?
a Verlust von Tauchpartnern
b Auftauchen im freien Wasser und Abtreiben
c Längere Schnorchelstrecken für den Rückweg
d Unbemerktes Tauchen in Gefahrenbereichen
e Auftauchen am Boot

3. Wie kannst du dir vor einem Tauchgang ein Bild von dem Tauchgebiet machen?
Durch ______ karten,
Informationen anderer _________ oder
durch Rückschlüsse von der _______________ auf die Unterwasserlandschaft.

4. Was sind Tiefenlinien?
a Riffelung im Sand
b Bodenmarkierungen mit Angabe der Tiefe
c Bereiche gleicher Wassertiefe entlang der Grundtopografie des Gewässers
d Weg vom Einstieg direkt zur vorgesehenen Tiefe
e Markierungen in der Wassertiefe, die den Weg zurück zum Ausgangspunkt zeigen

5. Nenne mögliche Hilfsmittel für die natürliche Orientierung unter Wasser!

6. Wie kann der Sonnenstand für die Orientierung helfen?
a Besseres Ablesen der Instrumente
b Der Sonnenstand zeigt mir die Richtung für den Rückweg an.
c Der Sonnenstand zeigt mir die Richtung für den Hinweg an.
d Mithilfe des Sonnenstandes merke ich mir die Richtung des Hinweges und nehme die umgekehrte Richtung für den Rückweg.
e Der Sonnenstand ist für die Orientierung nicht nutzbar.

7. Welche Information zur Orientierung kann dir eine Sandriffelung geben?
a Die Sandriffelung kennzeichnet den Weg zurück zum Anker.
b Die Sandriffelung verläuft immer auf einer Tiefenlinie.
c Die Sandriffelung ist ungeordnet und verändert sich je nach Wellenrichtung.
d Die Sandriffelung verläuft senkrecht zum Ufer und zeigt mir so den Weg zum Ufer.
e Die Sandriffelung verläuft parallel zum Ufer, sodass die Richtung senkrecht zur Sandriffelung den Weg zum Ufer oder vom Ufer weg beschreibt.

8. Welche Bedeutung hat Strömung für die Orientierung?

a Strömung führt zum Verlust der Orientierung durch Abtreiben.
b Ich tauche mit der Strömung zum Tauchziel hin, dann brauche ich einfach nur gegen die Strömung zurück zu tauchen, um den Ausgangspunkt zu finden.
c Ich tauche gegen die Strömung zum Tauchziel hin, dann brauche ich einfach nur mit der Strömung zurück zu tauchen, um den Ausgangspunkt zu finden.
d Durch die Strömung wird eine Richtung fixiert, mit der wir unsere Tauchrichtung einhalten können.
e Die Strömungsrichtung kann sich an Hindernissen ändern.

9. Nenne mögliche technische Hilfsmittel für die Orientierung unter Wasser.

10. Warum sollte beim Tauchen zur Orientierung öfter nach hinten geblickt werden?

a Zur Beobachtung der Mittaucher
b Es könnten sich gefährliche Meerestiere nähern.
c Der Anker darf nicht aus dem Blick gelassen werden.
d Zum Einprägen des optischen Eindrucks für den Rückweg.
e Um sich zu vergewissern, ob nicht zu viel Sediment aufgewirbelt wurde.

11. Warum sollte man vor allem im Süßwasser einen Kompass dabeihaben?

Die Möglichkeiten der natürlichen Orientierung können eingeschränkt sein durch ___________ Sichtverhältnisse,
___________ Sichtweiten,
___________ Unterwasserlandschaft,
aufgewirbeltes _________________,
nicht vorhandene ________________ Punkte.

12. Wann ist ein Kompass beim Tauchen erforderlich?

a Wenn die natürliche Orientierung nicht mehr ausreicht.
b Beim Tauchen an Wracks aus Metall.
c Zum Zurücktauchen eines bestimmten Kurses im freien Wasser ohne Grundsicht.
d Beim Tauchen mit Strömung.
e Beim Tauchen mit unerfahrenen Mittauchern.

13. Benenne die Bauteile eines Kompasses:

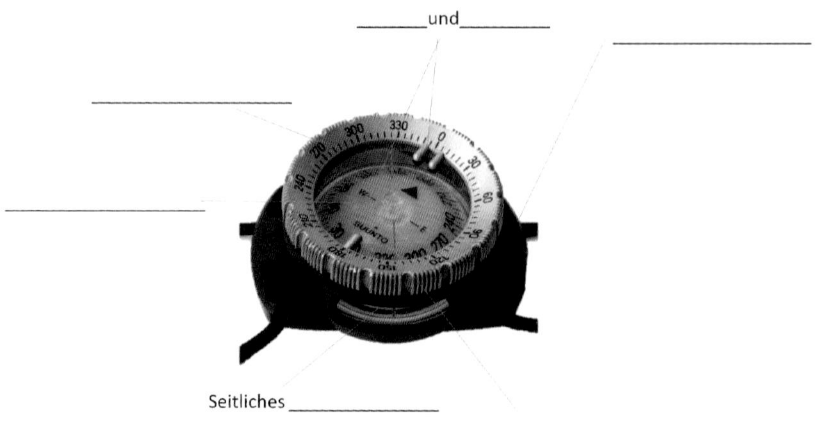

14. Worauf sollte beim Kauf eines Kompasses geachtet werden?

a kein Verkanten bei leichter Schräghaltung
b gute Erkennbarkeit der Kursanzeige
c verstellbarer Einstellring
d möglichst flache Bauweise
e nachleuchtende Kursanzeige

15. Wodurch kann es zu Fehleinflüssen kommen, die einen Kompass ablenken?

16. Wie kannst du an einem Wrack eine grobe Orientierung mit dem Kompass erreichen?

a Die Richtungsanzeige des Kompasses ist am Wrack überall ablesbar und richtig.
b An einem Wrack aus Holz und ohne Eisen wird der Kompass nicht abgelenkt.
c An einem Wrack ist nur die natürliche Orientierung ohne Kompass möglich.
d Die an einem Wrack bekannte Ablenkung ist von dem Kompasskurs abzuziehen.
e Einige Meter oberhalb des Wracks ist die Kompassanzeige wieder hinreichend gut.

17. Was ist wichtig, um einen Kurs unter Wasser richtig zu tauchen und einzuhalten?

a gute gestreckte Tauchlage
b angemessene Geschwindigkeit

c die Tauchgruppe folgt hinter dem Kompassführer mit ausreichend Abstand
d gute Kompassführung mit Haltung des Kompasses in Körperlängsachse
e regelmäßiges Umdrehen und Luftabfrage bei den Mittauchern

18. Wie hältst du den Kompass idealerweise, um einen bestimmten Kurs zu tauchen?

a Am Arm, auch wenn dieser schräg gehalten wird.
b Auf einer Konsole mit dem Finimeter, so wird er genau in Tauchrichtung gehalten.
c An einer Befestigungsleine genau in Vorhalte zur Tauchrichtung.
d In der Hand an den gestreckten Armen in Vorhalte zur Tauchrichtung.
e Am Arm oder am Handgelenk rechtwinklig zur Körperachse und so in Tauchrichtung.

19. Welches Verhalten ist beim Kompasstauchen richtig?

a Bei schlechter Sicht benötige ich keinen Kompass, sondern halte Kontakt zu meinem Tauchpartner.
b Bei schlechten Lichtverhältnissen befestige ich meinen Kompass auf der Lampe. Durch das reflektierte Licht lässt sich der Kompass gut ablesen.
c Der Kompass wird mit beiden Händen und ausgestreckten Armen gehalten. Wichtig ist, dass die Kompassnadel nicht verkantet!
d Bei einem gleichseitigen Dreieckskurs darf jede Richtungsänderung nur 60 Grad betragen.
e Die Ablenkung der Kompassnadel durch Magnetschalter (z. B. in der Lampe) verfälscht nicht den Kurs, solange der Kompass immer den gleichen Abstand und die gleiche Richtung vom Magneten hat.

20. Warum musst du beim Kompasstauchen eine bestimmte Mindestgeschwindigkeiteinhalten?

a Damit ich schneller am Ziel bin.
b Das stimmt nicht, man soll möglichst langsam tauchen.
c Damit man nicht durch Sedimentation beeinträchtigt wird.
d Weil dann eine Beeinträchtigung durch Verkanten minimiert wird; auch die vereinbarte Tiefe kann besser gehalten werden.
e Damit man besser gegen die Strömung ankommt.

21. Du möchtest einen Hin- und Zurück-Kurs mit dem Kompass tauchen. Auf dem Hinweg tauchst du einen Kurs von 100 Grad. Welchen Kurs nimmst du für den Rückweg?

22. Du möchtest einen Kurs mit dem Kompass tauchen. Vom Ufer aus tauchst du 270 Grad senkrecht zum Ufer heraus, um auf direktem Weg auf 10 m Tauchtiefe zu kommen. Von dort aus möchtest du links herum parallel zum Ufer tauchen. Welchen Kurs nimmst du dafür?

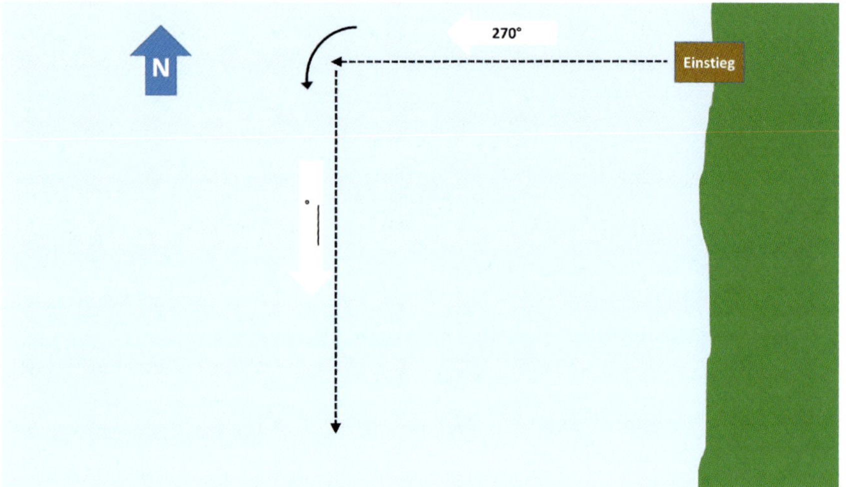

23. Du möchtest einen Rechteckkurs mit dem Kompass tauchen. Der erste Kurs ist 0 Grad heraus, anschließend geht es im rechten Winkel rechts herum. Trage in die Abbildung die Kurse für den zweiten, dritten und vierten Schenkel ein.

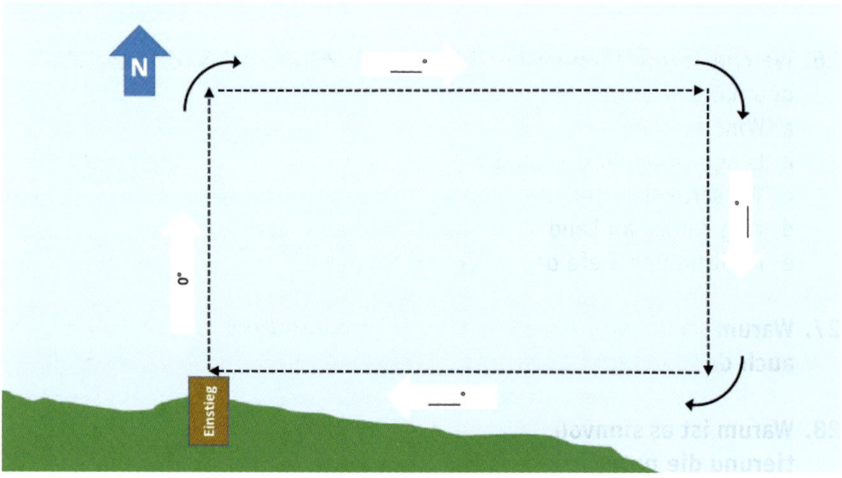

24. Du möchtest einen Dreieckkurs mit dem Kompass tauchen. Du beginnst den Tauchgang in westlicher Richtung, tauchst dann im rechten Winkel rechts herum einen gleich langen Schenkel und möchtest dann auf direktem Weg zurück zum Ausgangspunkt. Trage in die Abbildung die Kurse für die jeweiligen Schenkel ein.

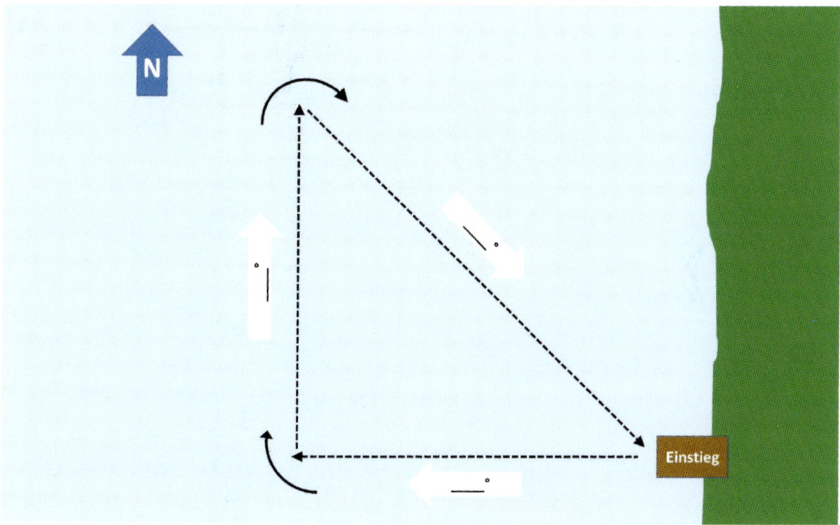

25. Welche Vorbereitungen triffst du vor Ort an einem Tauchplatz, um dir ein möglichst gutes Bild von dem Ort für die Orientierung beim Tauchen zu machen?

26. Welche Informationen benötigst du zur Orientierung beim Tauchen vom geankerten Boot?

a Windrichtung
b Länge der Strömungsleine
c Wassertemperatur
d Weg zurück an Land
e Position und Tiefe des Ankers

27. Warum kann es erforderlich sein, neben natürlichen Orientierungshilfen auch den Kompass einzusetzen?

28. Warum ist es sinnvoll, sich neben dem Gebrauch des Kompasses zur Orientierung die natürlichen Orientierungsmerkmale zu Nutze zu machen?

29. Wie verhältst du dich, wenn du nicht mehr weißt, wie du zurück zum Ausgangspunkt kommst?

a Alleine auftauchen, Peilung zum Ausgangspunkt nehmen und wieder abtauchen.
b Die Gruppenmitglieder um Rat fragen.
c Den zuletzt getauchten Kurs weiter tauchen.
d Umdrehen und den zum zuletzt getauchten Kurs entgegengesetzten Kurs tauchen.
e Wenn es keiner besser weiß, mit der gesamten Gruppe unter Einhaltung der Austauchregeln auftauchen, Peilung zum Ausgangspunkt nehmen und je nach Luft zurück schnorcheln oder tauchen.

30. Was ist deine Aufgabe als Gruppenmitglied, wenn der Gruppenführer den Tauchkurs vorgibt?

a Der Tauchkurs des Gruppenführers wird nicht in Frage gestellt.
b Den Tauchkurs der Gruppe jederzeit nachvollziehen, kontrollieren und gegebenenfalls korrigierende Hinweise an den Gruppenführer geben.
c Dem Gruppenführer hinterhertauchen und darauf vertrauen, dass er die richtige Orientierung hat.
d Mit dem Gruppenführer unter Wasser diskutieren, welcher Kurs richtig ist, und bei unterschiedlichen Meinungen die Mehrheit entscheiden lassen.
e Möglichst auf Höhe des Gruppenführers in dessen Sichtbereich tauchen und den Gruppenführer durch Kontrolle der Tiefe oder Beleuchtung des Kompasses unterstützen.

31. Wie kannst du auch bei Nachttauchgängen den Ausgangspunkt wiederfinden?

Bei Nachttauchgängen wird der Ausgangspunkt mit einer ____________ oder mit einem ____________ markiert. Vor dem Tauchgang wird die maximale ____________ und ____________ abgesprochen. Ebenso wird die maximale ____________ vom Ausgangspunkt festgelegt.

32. Was ist bei Tauchgängen mit Strömung hinsichtlich der Orientierung zu beachten?

Vor dem Tauchgang wird die ____________ und ____________ der Strömung festgestellt. Der Tauchgang sollte gegen die ____________ begonnen werden. Unter Wasser kann die Strömungsrichtung an der Neigung der ____________ oder an der Ausrichtung der ____________ erkannt werden und so als Orientierungshilfe genutzt werden.

Wenn beim Tauchgang die Strömung von der Seite kommt, ist für den Kompasskurs ein __________ einzukalkulieren.
Bei einem Aufstieg im Freiwasser sollte __________ die Oberflächenströmung vorgehalten werden.

6.2 Lösungen

1. a, e

2. b, c, d

3. Durch Seekarten, Informationen anderer Taucher oder durch Rückschlüsse von der Überwasserlandschaft auf die Unterwasserlandschaft.

4. c

5. Sonnen-/Mondstand, Unterwasserformationen, Böschung, Uferbeschaffenheit, Bodenbelag, markante Punkte, wellenförmige Sandriffelungen, Strömung, Tiefenlinien, Bewuchs, ortstreue Tiere.

6. d

7. e

8. c, d, e

9. Kompass, Uhr, Tiefenmesser, Echolot, GPS, Radar.

10. d

11. Die Möglichkeiten der natürlichen Orientierung können eingeschränkt sein durch
    schwierige Sichtverhältnisse,
    geringe Sichtweiten,
    eintönige Unterwasserlandschaft,
    aufgewirbeltes *Sediment*,
    nicht vorhandene *markante* Punkte.

12. a, c

13.

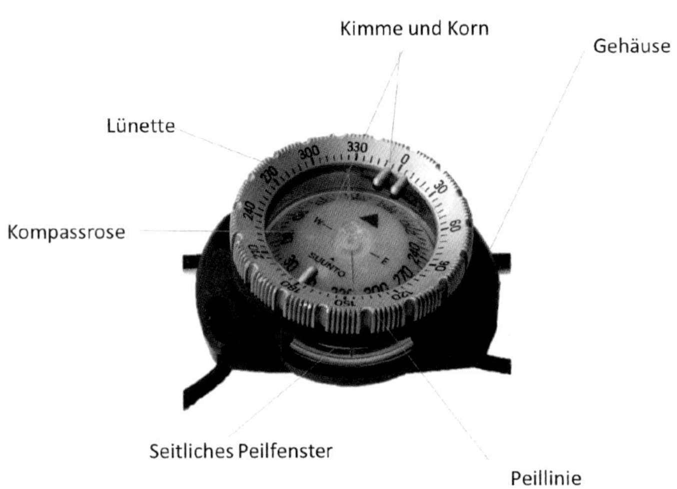

14. a, b, c, e

15. Ablenkung an Wracks, eisenhaltige Gebäudeteile, Tauchgegenstände aus Stahl, Tauchlampe

16. b, e

17. a, b, d

18. c, d, e

19. c

20. d

21. 280 Grad

22. 180 Grad

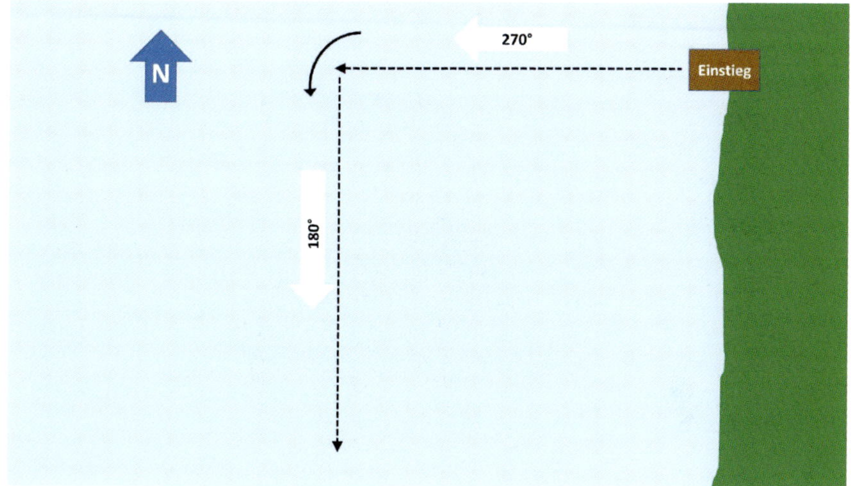

23. 90 Grad, 180 Grad, 270 Grad

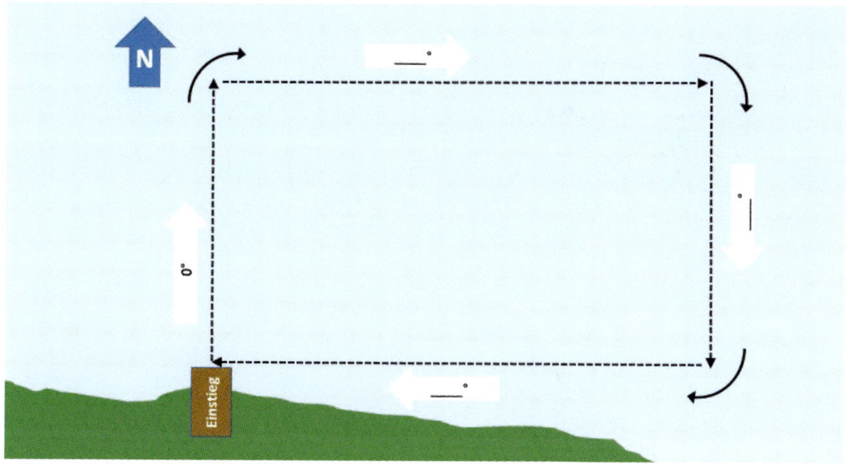

24. Westen 270 Grad, Norden 360 Grad, Südosten 135 Grad

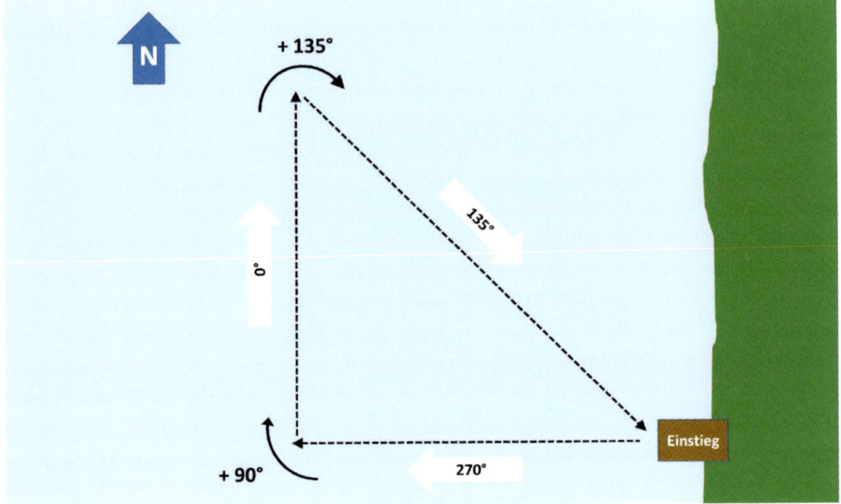

25. Tiefenmessung mit dem Echolot, Kompasspeilungen, Rückschlüsse aus der Überwasserlandschaft, Strömung, Wind, Strömungsleine, Sonnenstand

26. e

27. Natürliche Hilfsmittel sind nicht immer verfügbar, zum Beispiel bei schlechter Sicht, eintöniger Unterwasserlandschaft, Bewölkung, Dunkelheit.

28. Der Kompass kann Fehleinflüssen durch Ablenkung unterliegen, zum Beispiel durch die Taucherlampe, Tauchflasche oder Metallteile.

29. b, e

30. b, e

31. Bei Nachttauchgängen wird der Ausgangspunkt mit einer *Lampe* oder mit einem *Blitzer* markiert. Vor dem Tauchgang wird die maximale *Tauchtiefe* und *Tauchzeit* abgesprochen. Ebenso wird die maximale *Entfernung* vom Ausgangspunkt festgelegt.

32. Vor dem Tauchgang wird die *Stärke* und *Richtung* der Strömung festgestellt. Der Tauchgang sollte gegen die *Oberflächenströmung* begonnen werden. Unter

Wasser kann die Strömungsrichtung an der Neigung der Pflanzen oder an der Ausrichtung der *Fische* erkannt werden und so als Orientierungshilfe genutzt werden.
Wenn beim Tauchgang die Strömung von der Seite kommt, ist für den Kompasskurs ein *Versatz/Abdriften* einzukalkulieren.
Bei einem Aufstieg im Freiwasser sollte *gegen* die Oberflächenströmung vorgehalten werden.

6.3 Abschluss und Beurkundung

Nach erfolgreicher Teilnahme erhältst du von deinem Ausbilder die Bestätigung.

Nachweis über die erfolgreiche Teilnahme an dem Aufbaukurs ist der offizielle VDST Aufbaukurs-Einkleber für den Tauchpass und die VDST-CMAS AK-Karte.

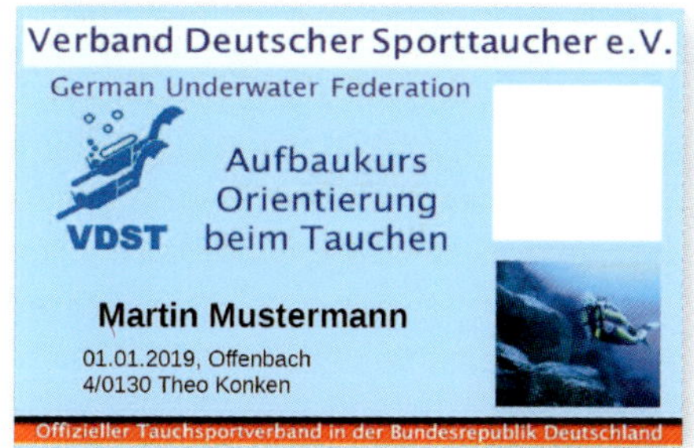

Einkleber Aufbaukurs Orientierung beim Tauchen

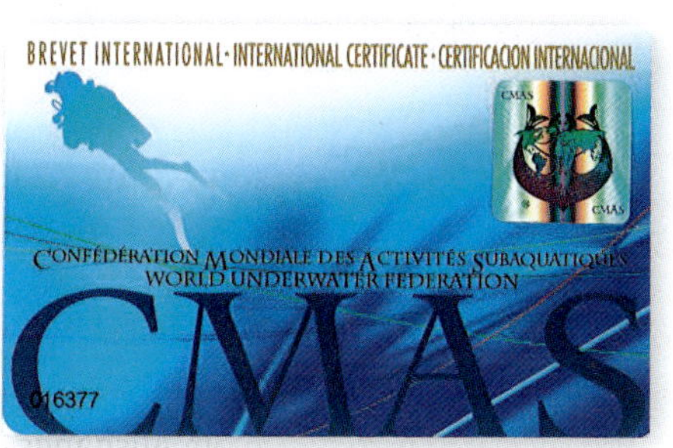

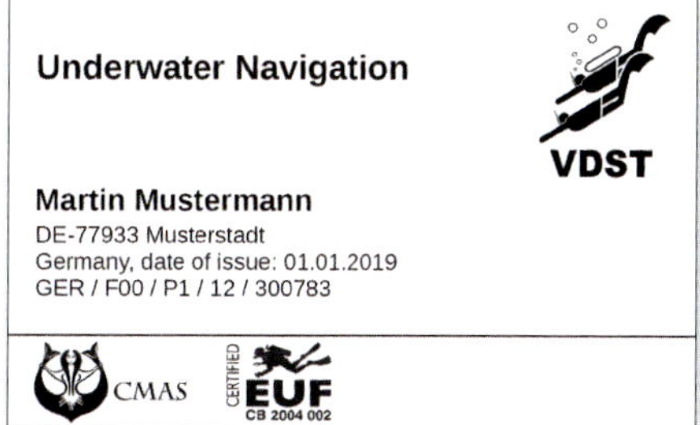

Karte Aufbaukurs Orientierung beim Tauchen

AUFBAUKURS GRUPPENFÜHRUNG

Jeder Tauchgang findet in einer Gruppe statt, da wir immer mindestens zu zweit tauchen. Innerhalb einer Gruppe ist es erforderlich, sich abzustimmen und meistens gemeinsame Ziele zu verfolgen. Diese Ziele können nur erreicht werden, wenn die Gruppe dort hingeleitet, also geführt wird. Daher gehört die Führung einer Gruppe elementar zu jedem Tauchgang.
Zur Führung einer Gruppe gehören Kenntnisse der Führung, der Kommunikation, der Orientierung, insbesondere aber auch Kenntnisse über das Tauchen und über mögliche Vorkommnisse beim Tauchgang. Wichtig hierfür ist auch eine gewisse Erfahrung.
Um diese Erfahrung zu erlangen, tauchst du viel und bildest dich durch die Ausbildungsstufen des VDST weiter. Mit dem Deutschen Tauchsportabzeichen (DTSA)* hast du die Grundlagen des Tauchens erlernt und bist dazu qualifiziert, in Begleitung eines höher brevetierten Tauchers als Gruppenmitglied zu tauchen. Mit dem Deutschen Tauchsportabzeichen (DTSA)** erlangst du auch die Qualifikation zur Führung von Gruppen mit gleichwertig ausgebildeten Tauchern. Die Ausbildung hierzu beinhaltet daher konsequenterweise auch die Elemente der Gruppenführung. Da diese Ausbildung sowohl theoretische Kenntnisse als auch mehrere Tauchgänge mit praktischen Übungen umfasst, wird dies dem DTSA** als Aufbaukurs Gruppenführung vorgeschaltet.

1. Rahmenbedingungen

1.1 Voraussetzungen

Um an einem Aufbaukurs Gruppenführung teilnehmen zu können, benötigst du einige Voraussetzungen. Dazu gehört eine gewisse Erfahrung im Tauchen durch Tauchgänge, die du seit deinem DTSA* in Begleitung eines erfahrenen Tauchers mitgemacht hast. Die genauen Bestimmungen zu den Voraussetzungen können durchaus von Zeit zu Zeit verändert werden. Die jeweils aktuellen Voraussetzungen kannst du der VDST-Spezialkurs-Ordnung entnehmen.

Derzeit gelten die folgenden Voraussetzungen:

Mindestalter: 14 Jahre; bei Minderjährigen ist die Einverständniserklärung der sorgeberechtigten Eltern (in der Regel beider Elternteile) erforderlich.

Ausbildungsstufe: DTSA*; ersatzweise genügt eine vergleichbare Qualifikation entsprechend der VDST-Äquivalenzliste

Anzahl der Pflichttauchgänge: 15

Sonstiges: Gültige Tauchtauglichkeitsbescheinigung

Natürlich stellt die Zahl der Pflichttauchgänge nur eine Untergrenze dar. Es hängt von deinen individuellen Kenntnissen und Fertigkeiten ab, nach wie vielen Tauchgängen du dich mit der Gruppenführung beschäftigen solltest. Jedenfalls solltest du ausreichende taucherische Fertigkeiten besitzen, sodass du beim Tauchen nicht mehr so sehr mit dir selbst beschäftigt bist und dich auch auf die zusätzliche Aufgabe der Gruppenführung konzentrieren kannst. Sinnvoll ist auch das vorherige Beherrschen der Orientierung unter Wasser, das du im Rahmen des Aufbaukurses »Orientierung beim Tauchen« erlernst.

1.2 Organisatorischer Rahmen

Zum Aufbaukurs Gruppenführung gehören vier Theorieeinheiten und vier Tauchgänge, wobei die Führung und Orientierung der meisten dieser Tauchgänge von jedem Kursteilnehmer durchzuführen ist und somit die Tauchgänge auch mehrfach mit wechselnden Rollen stattfinden. Dafür werden mindestens zwei Tage benötigt, idealerweise an zwei aufeinander folgenden Tagen zum Beispiel an einem Wochenende in einem heimischen Gewässer oder auch im Rahmen eines längeren Aufenthaltes an einer Tauchbasis am Meer.

Die Anzahl der Teilnehmer sollte maximal doppelt so hoch sein wie die der Ausbilder, damit ein Verhältnis von einem Ausbilder zu zwei Teilnehmern erreicht wird. Jeder Tauchgang wird nacheinander von jedem Teilnehmer in der Rolle des Gruppenführers durchgeführt.

Für den theoretischen Teil werden vier Lerneinheiten angesetzt. Für den theoretischen Unterricht sollte möglichst ein geeigneter Unterrichtsraum vorhanden sein, der sich idealerweise in der Nähe des Tauchgewässers befindet.

Die vier Tauchgänge können im Binnensee oder im Meer stattfinden. Das Tauchgewässer sollte möglichst gute Rahmenbedingungen hinsichtlich Sichtweite, Topografie, Strömung und Wellengang bieten.

Damit der Kurs effektiv durchgeführt werden kann, sollten mindestens zwei Tauchgruppen mit einem Ausbilder pro Tauchgruppe gebildet werden. Nur so kann auch die Sicherung beim Tauchen mehrerer Gruppen geübt werden. Eine Gruppe

besteht aus mindestens dem Gruppenführer, dem Ausbilder und einem weiteren Taucher.
Falls der Kurs an einem Binnengewässer stattfindet, kann der Kurs nur bei passenden Rahmenbedingungen insbesondere hinsichtlich der Sichtweiten durchgeführt werden. Das Gewässer sollte auch über eine befestigte Zufahrt und einen einfachen umweltschonenden Einstieg verfügen. Im Rahmen des Kurses ist durch die Ausbilder eine Notfallorganisation vorzunehmen, d.h. es wird eine Tauchgangsliste geführt, Rettungsmittel stehen bereit und das Einleiten einer Rettungskette mit Notruf ist geklärt.

1.3 Ausbildungsziel

Du sollst in Theorie und Praxis mit den Grundelementen der Gruppenführung und deren Zusammenwirken vertraut gemacht werden sowie Tauchgänge sicher planen, vorbereiten, vorbesprechen, durchführen und nachbesprechen können.
Nach Abschluss des Kurses sollst du

- die Grundelemente der Gruppenführung kennen,
- Erfahrungen über deren Zusammenwirken innerhalb der Tauchgruppe besitzen,
- Gruppenmitglieder einschätzen können,
- auf die Gruppenmitglieder eingehen können,
- die Kommunikation innerhalb von Tauchgruppen sicherstellen können,
- Tauchgruppen über und unter Wasser absichern können und
- die Aufgaben der Sicherungsgruppe kennen.

2. Warum ist Gruppenführung beim Tauchen erforderlich?

Eine unserer wichtigsten Grundregeln für die Sicherheit beim Tauchen lautet, dass wir niemals allein tauchen. Also sind wir bei jedem Tauchgang eine Gruppe, denn bereits zwei Taucher gemeinsam bilden eine Gruppe. Eine Tauchgruppe erfordert jedoch auch eine gewisse Disziplin und klare Ansagen. Da dies nicht der Beliebigkeit überlassen sein kann, erfordert es eine Gruppenführung. Zur Führung einer Tauchgruppe benötigst du entsprechende Kenntnisse und Fertigkeiten.
Als VDST-CMAS-Taucher* hast du grundlegende Kenntnisse des Tauchens erlernt und bist dazu befähigt, als Mitglied einer Gruppe unter Leitung eines erfahrenen

Tauchers mitzutauchen. Es ist natürlich nicht immer leicht, einen solchen erfahrenen Taucher zu finden.
Andererseits ist es notwendig, einen Tauchpartner zu haben, der die Gruppe führt, sich orientieren kann und auf die Sicherheit achtet. Das muss auch erlernt werden. Mit steigender Erfahrung und Anzahl der Tauchgänge möchtest du sicherlich auch die Qualifikation erlangen, selbstständig Tauchunternehmungen zu planen und dich mit anderen Tauchern gleichen Erfahrungsstandes auszutauschen.
Diese Qualifikation zur selbstständigen Tauchgangsdurchführung gemeinsam mit anderen autonomen Tauchern ist gerade Gegenstand des Deutschen Tauchsportabzeichens (DTSA)**. Wesentliche Voraussetzungen zur Übernahme der Verantwortung für eine Gruppe sind Kenntnisse in Orientierung, Sicherheit und Gruppenführung. Daher ist neben den Aufbaukursen Orientierung beim Tauchen und Herz-Lungen-Wiederbelebung der Aufbaukurs Gruppenführung eine Voraussetzung für das DTSA**-Abzeichen.
Der Kurs kann dabei natürlich nur die Grundlagen setzen. Erst durch viele Tauchgänge, Übung und Anwendung der Techniken kommt die Erfahrung hinzu, um neben dem eigentlichen Taucherlebnis die Gruppe zu führen.

3. Grundlagen der Gruppenführung

3.1 Rolle der Orientierung bei der Gruppenführung und als Sicherheitselement

Als Gruppenführer übernimmst du die Verantwortung dafür, die Gruppe wieder zum Ausgangspunkt an Land oder zum Anker zurückzubringen. Daher benötigst du jederzeit die Kenntnis der eigenen Position über Grund. Die Orientierung ist aber nicht die Haupt-, sondern eher eine Nebensache bei der Gruppenführung. Sie muss natürlich funktionieren, aber nicht deine gesamte Aufmerksamkeit binden, die du auch noch für deine Gruppe benötigst. Präge dir beim Tauchen die Landschaft ein und kombiniere dies je nach Gegebenheit bei Bedarf mit kurzen Blicken auf den Kompass, ohne die Gruppenmitglieder aus den Augen zu verlieren.
Insbesondere für die Sicherheit ist eine gute Orientierung ein wesentlicher Faktor. Dies hat folgende Gründe:

- Unser Ziel ist es, wieder am Ausgangspunkt mit ausreichend Luft aufzutauchen. Dazu müssen wir ihn auch problemlos wiederfinden. Gelingt uns dies nicht, so müssen wir ggf. im freien Wasser auftauchen, weil wir bei weiterem Suchen in

Luftnot geraten würden oder weil nur so eine erneute Peilung des Zielpunktes möglich ist.

- Ein Auftauchen im freien Wasser birgt immer mehr Gefahren als ein Aufstieg an der Uferböschung oder an einer Riffkante. Insbesondere droht beim Auftauchen im freien Wasser das Abtreiben durch Strömung. Deshalb sollte immer vor Beginn eines Tauchgangs die Richtung der Oberflächenströmung mit dem Kompass festgestellt werden, sodass im freien Wasser schon während des Aufstiegs durch Flossenschlag gegen die Strömung angeschwommen werden kann.
- Wenn der Ausgangspunkt verfehlt wird, muss häufig dorthin an der Oberfläche zurückgeschnorchelt werden. Folgen hiervon sind möglicherweise neben einer langsameren Fortbewegung als unter Wasser eine Erschöpfung bei untrainierten Tauchern, eventuell ein Essoufflement und unter Umständen ein weiteres Abtreiben.
- Wenn Gruppen durch Strömung abgetrieben worden sind und es nicht schaffen, durch eigene Kraft wieder den Ausgangspunkt zu erreichen, können sie durch das für diesen Notfall bereitgehaltene Schlauchboot wieder eingesammelt werden. Wenn mehrere Gruppen gleichzeitig abgetrieben sind, so reicht das nicht aus. In einem solchen Fall kann es die einzige Lösung sein, dass das Tauchschiff selbst die Gruppen einsammelt und zu diesem Zweck den Anker mit einer Boje am Ankerplatz lässt (denn schließlich befinden sich in der Regel noch andere Gruppen unter Wasser, die am Anker auftauchen müssen). Auch dies ist mit erhöhten Risiken verbunden, weil die verbleibenden Gruppen zunächst ohne Boot sind und weil die Bootsmanöver mit laufender Schiffsschraube für Tauchgruppen im Wasser eine hohe Verletzungsgefahr bilden.

Aus den genannten Gründen ist eine gute Orientierung beim Tauchen unabdingbar, Fehlorientierung kann große Gefahren nach sich ziehen. Die Orientierung ist hauptsächlich die Aufgabe des Gruppenführers, ohne dass die anderen Gruppenmitglieder davon entbunden wären. Deshalb solltest du den Aufbaukurs »Orientierung beim Tauchen« idealerweise vor diesem Kurs besucht haben und die Techniken durch weitere Tauchgänge eingeübt haben.

3.2 Kommunikation in der Gruppe

Unter Kommunikation verstehen wir jedes Verhalten, mit dem das Verhalten eines anderen Menschen beeinflusst wird. Jedes menschliche Verhalten kann kommunikativ sein.

Außer den reinen Worten sind auch der Tonfall, die Schnelligkeit oder Langsamkeit der Sprache, Pausen, Lachen oder Seufzen Bestandteil der Kommunikation, ebenso

wie die Körperhaltung und die Körpersprache.
Zur Kommunikation gehört auch, dass der Empfänger einer Nachricht auch in irgendeiner Form Gelegenheit hat, auf diese Nachricht zu reagieren. Daher ist es notwendig, unserem Gesprächspartner immer die Möglichkeit zum Feedback zu geben. Nur über das Feedback kann sich der Absender einer Nachricht vergewissern, ob seine Nachricht auch richtig empfangen wurde.

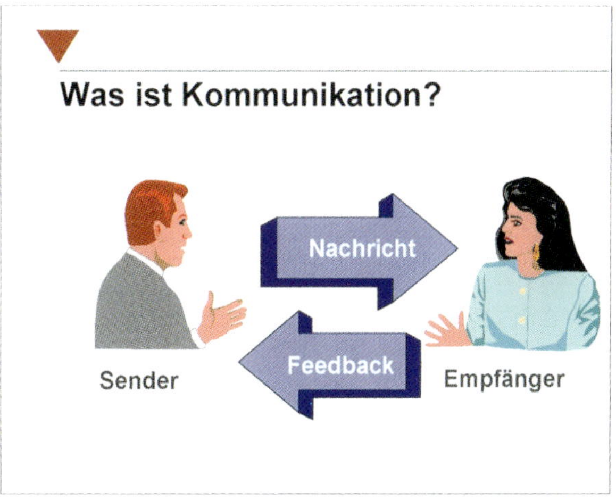

Kommunikation

Wenn dein Gesprächspartner oder beim Tauchen auch unter Wasser dein Tauchpartner dich nicht versteht, dann liegt die Ursache dafür nicht beim Empfänger, sondern beim Sender. Der Absender einer Nachricht ist wesentlich verantwortlich dafür, dass die Nachricht so ankommt, wie er sie verstanden haben will. Bei ihm liegt die Verantwortung für den Erfolg der Kommunikation.
Sorge daher dafür, dass deine Information möglichst auch so aufgenommen wird, wie du sie meinst. Durch Rückfragen kannst du dich vergewissern, ob dein Gesprächspartner dich verstanden hat.
Als Zuhörer zeige deinem Gesprächspartner, dass du auch wirklich zuhörst und seine Worte aufnimmst, indem du darauf auch reagierst. Dies nennt man **aktives Zuhören**.
Schon durch deine Haltung wird dein Interesse signalisiert. Wenn du offen blickst und den Augenkontakt suchst, aufrecht sitzst, die Arme offen hältst und ein visuelles Feedback beispielsweise durch Kopfnicken gibst, signalisierst du durch deine Gestik, dass du aktiv zuhörst. Auch durch Nachfragen, Wiederholung oder Zusammenfassung wesentlicher Aussagen, das notieren wichtiger Punkte oder einfach die Abgabe einer positiven Bestätigung wird signalisiert, dass du zugehört und auch verstanden hast.
Beim Tauchen beginnt die Kommunikation in der Gruppe bereits vor dem Tauchgang durch genaue Skizzierung und Beschreibung des Tauchgebietes.
Achte auf die Körpersprache, auf das Verhalten beim Anziehen und auf besondere Anzeichen bei der Tauchgangsvorbesprechung. Frage aktiv nach, was deinen Mit-

taucher beschäftigt, wie er sich fühlt und was er für Erwartungen an den Tauchgang hat.
Im Rahmen der Tauchgangsvorbesprechung beschreibst du dann in kurzer aber eindeutiger Form die wesentlichen für den Tauchgang relevanten Themen.
Da beim Tauchen selbst die Sprache ausfällt, erfolgt die Kommunikation hier in erster Linie auf andere Art. Gerade bei unerfahrenen Tauchern ist der **Handkontakt** das beste Mittel, um zu erfahren, wie sich der Partner fühlt. Je fester der Druck, desto unsicherer ist der Partner und benötigt deinen Halt und deine Hilfe. Gib sie ihm, indem du seine Anspannung bemerkst und versuchst, sie zu beseitigen. Versuche zu ergründen, was die Ursachen der Anspannung sind. Meistens hängt das Empfinden auch eng mit den Sichtverhältnissen, der neuen Umgebung oder der ungewohnten Ausrüstung zusammen und wird mit der Zeit und Erfahrung entspannter.
Wesentlich zum Erkennen von Gefühlen des Partners ist auch der **Blickkontakt**. Ihm kommt beim Tauchen – auch mit erfahrenen Partnern – die höchste Bedeutung zu. In den Augen kannst du leicht Zeichen von Anspannung, von Freude, von Angst oder auch von Vorsicht erkennen. Nutze diese Zeichen und gehe auf sie ein. Die Häufigkeit des Blickkontakts hängt vom Erfahrungsstand der Mittaucher ab. Unsere Grundregel »jeder zweite Blick dem Partner« soll ausdrücken, dass die Tauchpartner in Abhängigkeit von ihrer Erfahrung, aber auch von der jeweiligen Situation und möglichen Risiken, mehr oder weniger oft angeschaut werden. Dies dient nicht nur der Feststellung, ob der Partner da ist, sondern besonders dem Erkennen möglicher Problemsituationen und der rechtzeitigen Reaktion darauf. Auch äußere Anzeichen wie starker Luftverbrauch, schnelle Atemfrequenz mit einem Blasenschwall, unruhige und hastige Atmung oder Tiefenrauschsymptome können so erkannt werden.
Da das Sprechen unter Wasser praktisch nicht möglich ist, haben wir Taucher zur Verständigung eine gemeinsame Unterwasserzeichensprache entwickelt. Nutze diese Zeichen, insbesondere auch Zusatzzeichen wie »ich«, »du«, »gucken«, »da«, »Stopp«, »ich friere« oder das Vor- und Nachmachen von Bewegungen oder Handlungen.
Zeichen wie »alles OK« sind kaum von Bedeutung, da sie oft reflektorisch, also ohne darüber nachzudenken, erwidert werden. Notzeichen wie »irgendetwas stimmt nicht« oder »ich habe keine Luft mehr« werden oft erst dann gegeben, wenn es wirklich viel zu spät ist, oder eben gar nicht. Deshalb kommt dem Blickkontakt eine viel größere Bedeutung zu.
Unterwasserzeichen können allerdings nur dann verstanden werden, wenn sie vorher im Rahmen der Tauchgangsvorbesprechung vereinbart und abgesprochen werden und klar und deutlich gegeben werden. Gib die Zeichen daher lieber etwas

langsamer und vergewissere dich, dass dein Tauchpartner es gesehen und erkannt hat. Durch den Blickkontakt zu deinem Tauchpartner, durch ein Antwortzeichen oder durch ein Verhalten als Reaktion auf dein Zeichen kannst du erkennen, ob und wie dein Zeichen verstanden wurde. Bei Nichtverstehen wiederholst du das Zeichen, bei einer falschen Reaktion musst du unter Umständen einschreiten.

Genauso bist du darauf angewiesen, dass dein Tauchpartner dir seine Zeichen deutlich gibt. Frage daher auch selbst nach, wenn du dir nicht sicher bist, das Zeichen richtig verstanden zu haben.

Falls durch Unterwasserzeichen eine Mitteilung nicht gelingt oder missverständlich ist, kann auch eine **Unterwasser-Schreibtafel** verwendet werden, um eine Nachricht zu schreiben und deine Mittaucher lesen zu lassen.

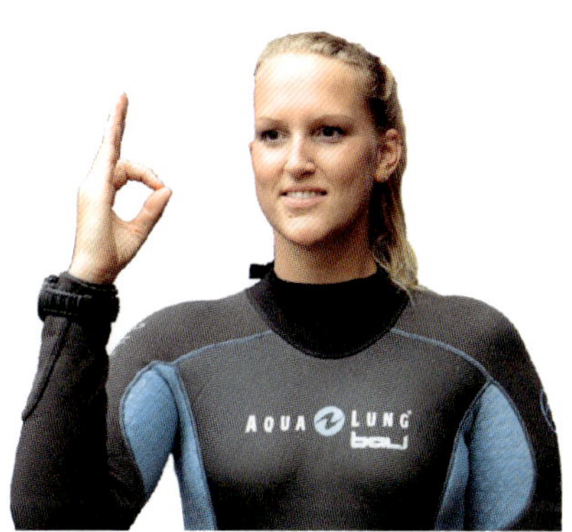

Alles O.K. ?/!

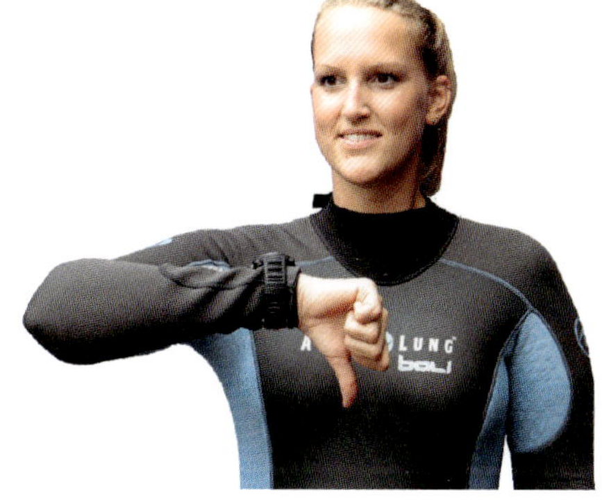

Abtauchen

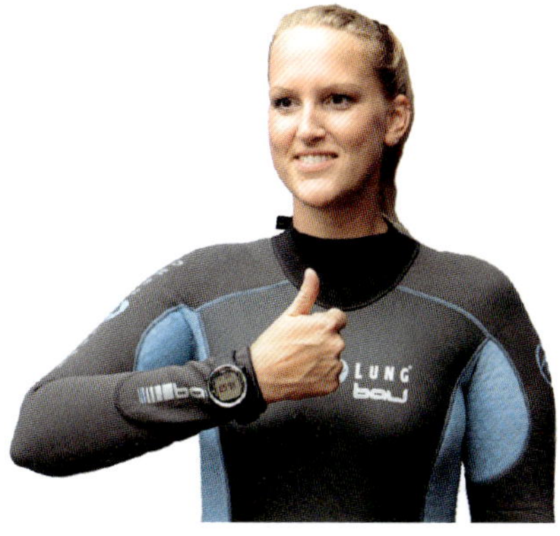

Auftauchen

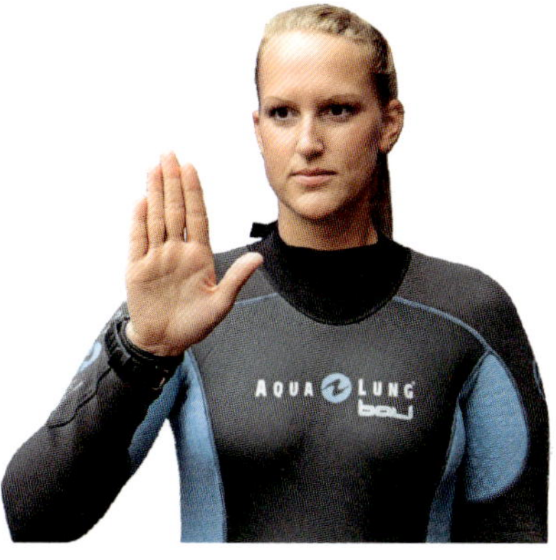

Stopp

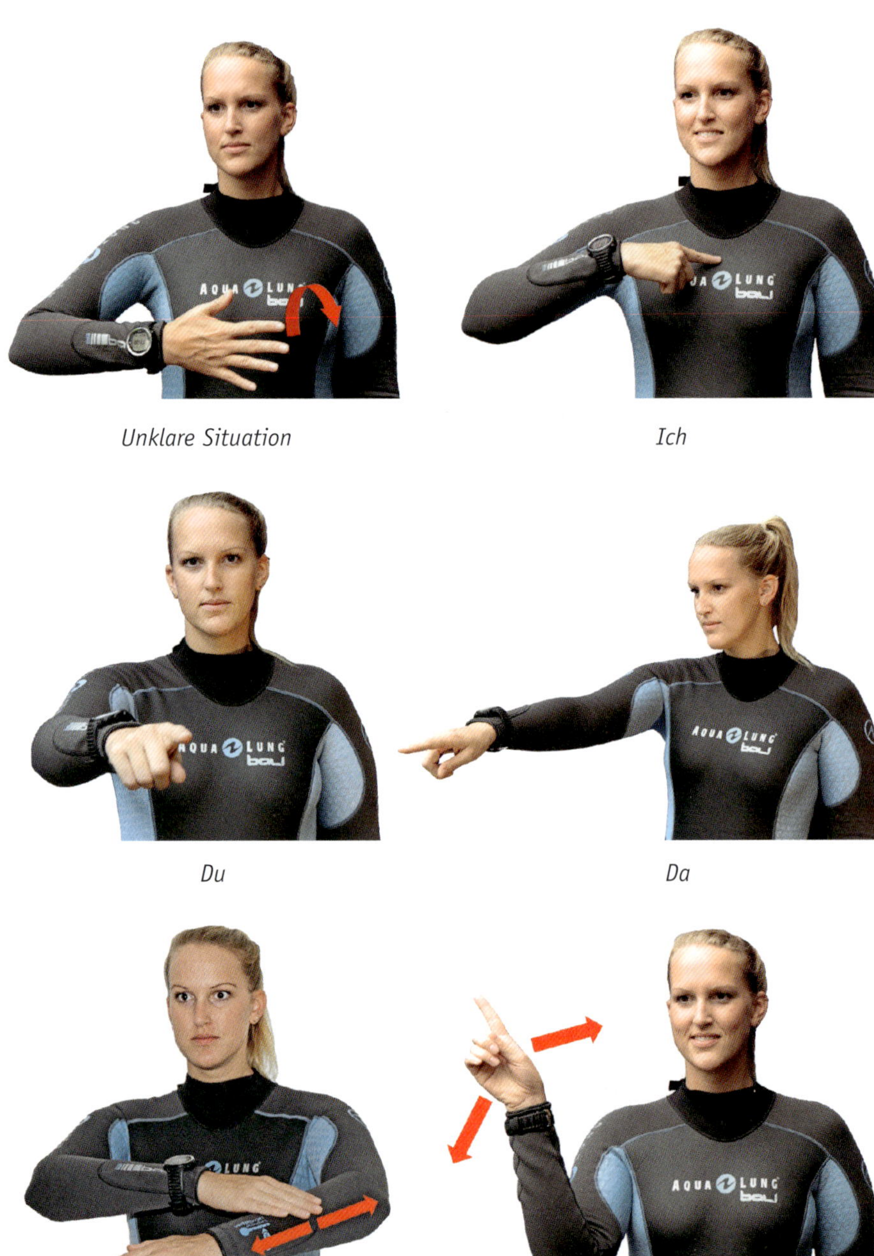

Unklare Situation

Ich

Du

Da

Ich friere

Nein

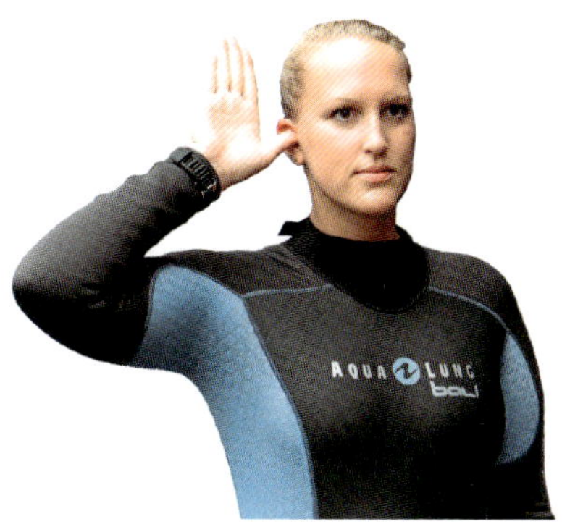

Kein Druckausgleich 1

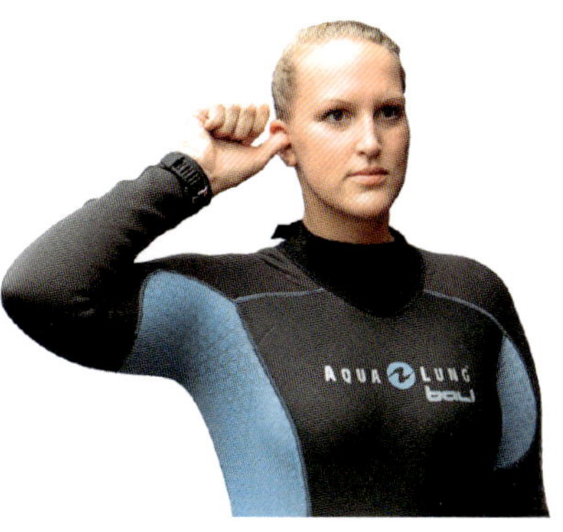

Kein Druckausgleich 2

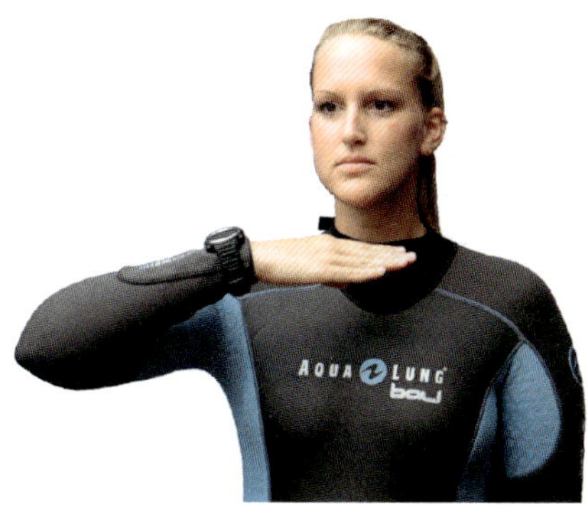

Luftmangel

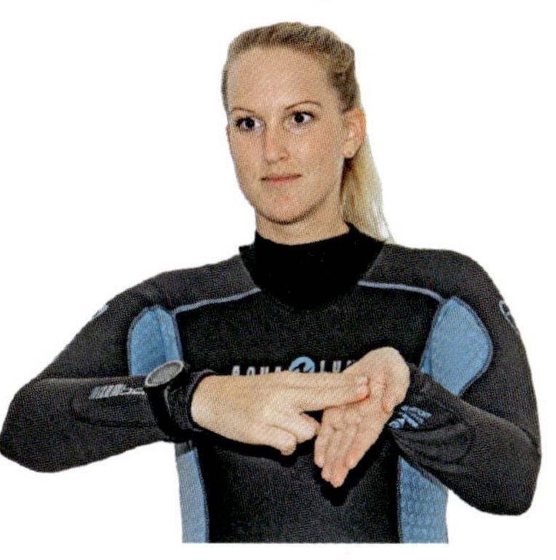

Finimeter-Check

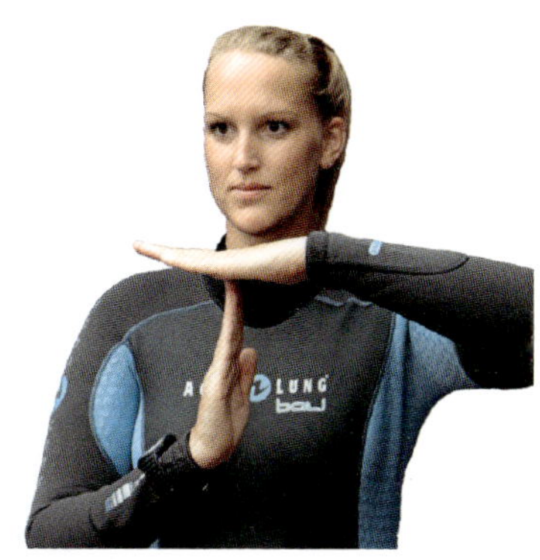

100 bar Restdruck

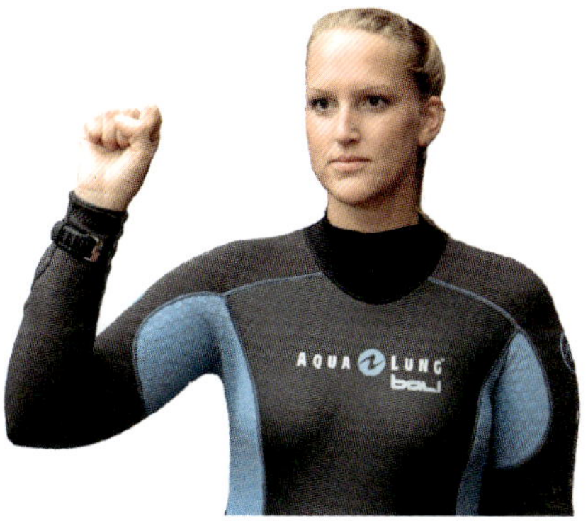

50 bar Restdruck

Unterwasser-Zeichen

Auch für das Anzeigen von Zahlen insbesondere bei der Abfrage des Luftvorrats oder der Dekompression ist eine eindeutige Zeichengebung erforderlich. Da oft die eine Hand durch die Lampe oder durch das Festhalten des Tauchpartners belegt ist, ist eine Einhand-Zeichengebung sinnvoll. Wie mit einer Hand die einzelnen Ziffern angezeigt werden können und wie die Kommunikation zur Luft- und Dekoabfrage damit erfolgen kann, erlernst du im Rahmen des DTSA**.
Nach dem Tauchgang erfolgt eine Tauchgangsnachbesprechung nicht nur, um den Tauchgang noch einmal vor dem geistigen Auge ablaufen zu lassen, sondern um positive Punkte herauszustellen und Verbesserungsvorschläge für die Zukunft zu erarbeiten. Um dies zu erreichen, analysierst du gemeinsam mit den Tauchpartnern den Tauchgang und hältst wichtige Erkenntnisse fest.

3.3 Techniken zum Führen über und unter Wasser

Führung ist das Leiten von Menschen mit der Absicht, ein bestimmtes Ziel zu erreichen. Dies betrifft die verschiedensten Bereiche des menschlichen Lebens. Um Menschen zu führen, bedarf es je nach Führungsstil einer gewissen Menschenkenntnis. Beim Tauchen betrifft es das Leiten der Tauchgruppe zum sicheren Tauchen vom Beginn bis zum Ende des Tauchgangs, an der Wasseroberfläche und auch bis zum Betreten des Schiffs oder des Ufers.
Natürlich wäre es viel von dir verlangt, wenn du schon bei deinen ersten Gruppenführungen Menschenkenntnis und Einfühlungsvermögen besitzen solltest. Ziel ist es aber auch mit zunehmender Erfahrung, dass du versuchst, dich in die Situation des anderen hinein zu versetzen. Wenn du z. B. mit deinem Tauchpartner sprichst, dann höre nicht nur auf seine Worte, sondern versuche zu erkennen, ob er dich verstanden hat, ob er deine Aufforderungen akzeptiert und wie er sich dabei fühlt. Dann kannst du auch deine eigenen Handlungen auf diesen speziellen Fall abstimmen. Kannst du dir vorstellen, mit deinem Tauchpartner zu einem Gewässer zu fahren, dich alleine anzuziehen, gemeinsam ins Wasser zu gehen und unter Wasser ziellos in die eine oder andere Richtung zu tauchen, ohne nach dem Partner zu sehen? Oder unter Wasser auszudiskutieren, ob man denn weiter runter taucht oder welche Richtung eingeschlagen wird? Wir möchten sicher tauchen, vom Beginn bis zum Ende des Tauchgangs, also auch noch an der Oberfläche und bis zum Betreten des Schiffs oder des Ufers. Damit Fehler vermieden werden und um Absprachen zu treffen, spricht man vor dem Tauchgang miteinander und checkt gegenseitig die Ausrüstung. Haben wir unser Ziel erreicht? Ohne Nachfrage und ohne Analyse nach dem Tauchgang wissen wir das nicht und können auch nicht aus dem Tauchgang lernen. Sollten noch nach dem Tauchen Probleme bestehen, sind diese zu lösen.

All dies erfordert Führung, Leitung, Lenkung. Es kann nur einer aus der Tauchgruppe das Sagen haben, sonst gibt es bei Problemen keine Entscheidung und somit auch keine Lösung. Nicht alle Taucher sind gleich erfahren, und zur Leitung einer Tauchgruppe bedarf es einer gewissen Erfahrung. Du übernimmst als Gruppenführer die Verantwortung für die Sicherheit deiner Mittaucher und für dich selbst. Du stehst aber auch der Erwartungshaltung gegenüber, deiner Gruppe einen schönen Tauchgang zu bereiten. Dabei sollst du wie selbstverständlich noch die Orientierung behalten und die Gruppe zum Ausgangspunkt führen. Um diese Qualifikation zu erwerben, unternimmst du regelmäßig Tauchgänge, erwirbst das DTSA**, lernst viele andere Taucher kennen und absolvierst eben diesen Aufbaukurs Gruppenführung.
Unter **Führungsstil** verstehen wir die Art, wie andere Menschen geführt werden.

Führung ist das Leiten von Menschen mit der Absicht, ein bestimmtes Ziel zu erreichen, beim Tauchen vor allem um
- zu einem bestimmten Ort zu gelangen und den Ausgangspunkt wiederzufinden,
- Fehler zu vermeiden,
- Sicherheit zu gewährleisten,
- einen schönen Tauchgang zu bereiten,
- eventuell Tauchtechniken zu üben.

Wir unterscheiden hier verschiedene Stile:
Daneben sind Mischformen denkbar, die der jeweiligen Situation angepasst werden (situativer Führungsstil).

Führungsstile:
- autoritär
- kooperativ
- Laissez-faire

Während der Laissez-faire-Führungsstil die Ausführung der Beliebigkeit überlässt, erlaubt der kooperative Stil das zielgerichtete Anleiten und Ausbilden unter partnerschaftlichem Einbezug der anderen.
Unter Wasser jedoch gibt es keine Diskussionen. Oft müssen in Sekundenschnelle Entscheidungen getroffen und umgesetzt werden. Dies bedarf präziser Anweisungen. Diese können nur von einer Person, dem Gruppenführer, getroffen werden, und sind ohne Diskussionen umzusetzen. Daher eignet sich unter Wasser nur der autoritäre Führungsstil, um die Sicherheit jederzeit zu gewährleisten. Ein guter Gruppenführer jedoch führt seine Gruppe, hat jede Situation jederzeit unter Kontrolle, ohne dass seine Mittaucher das unbedingt merken.
Mit zunehmender Erfahrung gelingt dir ein vorausschauendes Denken, sodass Zwischenfälle schon in ihrer Entstehung erkannt werden können. Indem mögliche Ursachen von Zwischenfällen bereits vorher behoben werden, können dadurch ungewollte Zwischenfälle vermieden werden.

3.4 Eingehen auf die Gruppenteilnehmer

Damit du auf die Gruppenteilnehmer eingehen kannst, ist es sinnvoll, vorher die taucherische Vergangenheit der Teilnehmer zu kennen. Dazu gehört nicht nur die Anzahl der Tauchgänge und die mit einem Brevet erreichte Qualifikation, sondern auch Informationen über besondere Stärken und Schwächen oder auch bestehende Probleme beim Tauchen.
Vor dem Tauchgang vergewisserst du dich, ob bei allen Mittauchern eine gültige Tauchtauglichkeitsuntersuchung vorliegt.
Natürlich ist die aktuelle Situation der Mittaucher relevant. Im Rahmen der Vorbesprechung erkundigst du dich nach deren Wohlbefinden und Gesundheit, aber auch über eventuelle aktuelle Einschränkungen wie Müdigkeit oder Stress. Natürlich erfolgt kein Tauchgang nach vorhergehendem Alkoholgenuss.
Beobachte deine Mittaucher auch schon vor dem Tauchgang, um äußere Anzeichen wie beispielsweise Nervosität oder Unruhe zu erkennen und zu deuten.
Im Gespräch mit deinen Mittauchern kannst du erfahren, welche Wünsche diese an den Tauchgang haben und dann prüfen, ob diese umsetzbar sind.
Zeige selbst Transparenz zu deinen Mittauchern, indem du deine Entscheidungen begründest. Im Moment einer Entscheidung unter Wasser gibt es jedoch keine Diskussion und keine Begründung, sondern über Wasser vor oder nach dem Tauchgang.
Halte beim Tauchen Blickkontakt und gegebenenfalls Handkontakt zu deinen Mittauchern, um möglichst gut zu wissen, wie sie sich fühlen. An der Körpersprache, insbesondere an der Augensprache, kannst du Rückschlüsse auf das Befinden ziehen. Indem du den Lampenschein der Mittaucher beobachtest, kannst du leicht erkennen, ob etwas nicht in Ordnung ist. Ein ruhiger Lampenschein deutet auch auf die Ruhe des Tauchers hin, während ein zittriger Lampenschein Unruhe signalisiert. Durch das Beobachten der Luftblasen kannst du erkennen, wie oft und wie stark dein Mittaucher atmet. Der Atemrhythmus gibt Aufschluss über die körperliche oder auch psychische Belastungssituation und gibt bei einem Essoufflement erste Hinweise darauf.

3.5 Beobachten, entscheiden und reagieren bei Vorkommnissen

Bei jedem Tauchgang kann es trotz Beachtung aller Sicherheitsregeln zu Zwischenfällen kommen, die vielleicht harmlos sind, aber durchaus schwerwiegende Folgen haben können. Als Gruppenführer hast du ein vorausschauendes Auge für solche Zwischenfälle und erlernst durch Übung die richtigen Verhaltensweisen.

Zwischenfall	Reaktion	Vorbeugung
Ein Mittaucher kommt beim Abtauchen nicht herunter.	Tariercheck vor dem Tauchgang. Jacketleerung kontrollieren. An die Hand nehmen, Ruhe vermitteln, Ängste nehmen. Auf Ausatmung hinweisen und darauf achten. Bereich mit guter Grundsicht zum Abtauchen wählen. Mittaucher an der Hand etwa einen Meter tief herunterziehen; in der Regel normalisiert sich dort die Atmung. Eventuell anfangs Arbeitsblei anhängen.	Tariercheck vor dem Tauchgang, insbesondere bei veränderter Ausrüstung. Richtige Atemtechnik schulen: ausatemorientierte Atmung. Richtige Abtauchtechnik üben. Schon vorher zum Abtauchen Einstiegsbereich mit schlechter Sicht meiden.
Ein Mittaucher hat beim Abtauchen Druckausgleichsschwierigkeiten.	Nicht weiter abtauchen, sondern stoppen und einige Meter höher tauchen; dort erneuter Versuch. Hilfreich ist eine stehende (vertikale) Position und überstreckter Kopf; Einsaugen von Salzwasser durch die Nase. Sonst: Auftauchen, an der Wasseroberfläche schnäuzen, Druckausgleich an der Oberfläche; bei Nichtgelingen Abbruch des Tauchgangs.	Kein Tauchen bei Erkältung. Rechtzeitiger Beginn des Druckausgleichs, möglichst schon an der Oberfläche. Wiederholung des Druckausgleichs in kurzen Tiefenabständen, besonders auf den ersten Metern. Vorher Zeichen vereinbaren. Aktives Auffordern durch Zeichengebung, Kontrolle durch aktive Abfrage.
Ein Mittaucher hat nach dem Tauchgang blutunterlaufene Augen.	Auf Druckausgleich in der Maske achten, ggf. Maske ausblasen lassen (Zeichengebung durch Vormachen)	Erklärung des Druckausgleichs in der Maske schon im Theorieunterricht, Hinweis in der Vorbesprechung, langsames Abtauchen, aktive Zeichengebung.
Bei einem Mittaucher bläst der Atemregler ab (Vereisung).	Als Betroffener: Abdrehen des Ventils des betroffenen Hauptatemreglers, anschließend Wechsel auf den Zweit-	Kaltwasser-Ausrüstungskonfiguration mit zwei separaten kaltwassertauglichen Atemreglern an zwei separat

Zwischenfall	Reaktion	Vorbeugung
	atemregler. Als Tauchpartner: ggf. eigenen Atemregler anbieten und auf den Zweitatemregler wechseln. Nach kurzer Pause, wenn sich die erste Stufe wieder erwärmt hat, das Ventil wieder aufdrehen; wenn dann der Atemregler nicht mehr abbläst, Wechsel zurück auf den Hauptatemregler. Mit unerfahrenen Tauchern sofort den Aufstieg beginnen.	absperrbaren Ventilen. Vereisung vermeiden, indem nicht gleichzeitig eingeatmet und Inflator betätigt wird. Jacketinflator nicht an der ersten Stufe des Hauptatemreglers montieren. Regelmäßige Revision der Atemregler. Entfernung von Fremdpartikeln (z. B. Steinchen) an der zweiten Stufe.
Ein Mittaucher hat zu starken Abtrieb und kriecht über den Grund.	Zeichen für »höher tauchen« geben, ggf. selbst etwas Luft in das Jacket geben.	Richtiger Tariercheck vor dem Tauchgang, kein Blei zu viel, Beherrschung der Tarierung sollte vorher gegeben sein.
Ein Mittaucher steigt allmählich immer weiter nach oben.	An die Hand nehmen und herunterziehen, Luft aus dem Jacket lassen, Zeichen für Ausatmung geben.	Richtiger Tariercheck vor dem Tauchgang. Beherrschen des Luftablassens aus dem Jacket sollte vorher gegeben sein. Passende Bleimenge. Nicht zu viel Luft in das Jacket geben.
Ein Mittaucher bleibt etwas zurück oder entfernt sich von der Gruppe.	Mittaucher heranwinken und auf seine Position weisen. Notfalls mit der Restgruppe warten, bis der Mittaucher wieder da ist, und diesen auf sein Fehlverhalten hinweisen. Bei Verlieren des Tauchpartners tauchen alle Taucher kontrolliert unter Einhaltung der Austauchregeln unverzüglich an die Wasseroberfläche auf und treffen sich dort wieder.	Klare Positionseinteilung in der Vorbesprechung mit Hinweis auf Beibehaltung der Position in Schulterhöhe und maximale Entfernung. Formation kann kurz je nach Gewässerverhältnissen zur Beobachtung von Fischen etc. aufgelöst werden, wird aber danach automatisch wieder eingenommen. Besonders bei schlechten Sichtverhältnissen enger Zusammenhalt der Gruppe, ggf. Handkontakt.

Zwischenfall	Reaktion	Vorbeugung
Die Gruppe verliert einen Taucher.	Bei Verlieren des Tauchpartners tauchen alle Taucher kontrolliert unter Einhaltung der Austauchregeln unverzüglich an die Wasseroberfläche auf und treffen sich dort wieder.	Besonders bei schlechten Sichtverhältnissen enger Zusammenhalt der Gruppe, ggf. Handkontakt. Bei zu schlechter Sicht wird der Tauchgang nicht unternommen. Besprechung des Verhaltens bei Verlieren in der Vorbesprechung.
Ein Mittaucher gerät außer Atem, weil die Gruppe so schnell taucht.	Verständigung in der Gruppe, dass der Mittaucher eine Pause zum Durchatmen braucht und dass dann langsamer getaucht werden soll. Auch bei Verlust des Anschlusses an die Gruppe Pause und kräftiges Ausatmen, um einem Essoufflement vorzubeugen. Anschließend langsames Höhertauchen unter Einhaltung der Austauchregeln. Reduzierung des Tauchtempos.	Die Tauchgeschwindigkeit richtet sich nach dem Gruppenschwächsten.
Schnelle, flache Atmung, erkennbar durch Blasenschwall. Ggf. Zeichen für Essoufflement durch den Betroffenen.	Zeichen für Ausatmung geben und kräftiges Ausatmen, um einem Essoufflement vorzubeugen. Anschließend langsames Höhertauchen unter Einhaltung der Austauchregeln. Reduzierung bzw. Behebung der Anstrengung und des Atemwiderstandes. Beruhigend einwirken.	Atemwiderstand vermeiden durch gut gewartete Atemregler, geöffnete Ventile und passenden Anzug. Anstrengung vermeiden durch angemessenes Tauchtempo. Trainingsübungen zum Essoufflement.
Ein Taucher gerät beim Schnorcheln an der Wasseroberfläche so außer Atem, dass er schon fast zu ertrinken droht.	Pause einlegen, das Jacket aufblasen und tief ausatmen lassen. Falls man dazu nicht mehr in der Lage ist Blei abwerfen. Anstrengung beheben, ggf. den betroffenen Taucher ziehen. Eventuellen	Vermeidung durch Ausschaltung der Risikofaktoren wie ▸ zu viel Blei, ▸ zu volles Jacket, ▸ zu enger Anzug, ▸ zu hohe Anstrengung z. B. bei Strömung.

Zwischenfall	Reaktion	Vorbeugung
	Atemwiderstand beseitigen, direktes Atmen der Umgebungsluft.	Enges Zusammenbleiben der Tauchgruppe auch beim Schnorcheln, sodass sofort helfend eingegriffen werden kann, wenn ein Partner Probleme hat.
Bei der Wende der Tauchgruppe zum Rückkehrkurs sind die Mittaucher auf der jeweils falschen Seite.	Richtige Positionierung aller Mittaucher durch Zeichengebung mit »du«, »dort« etc. Neuformation abwarten, bevor weitergetaucht wird.	Eine Wende niemals durch Drehung auf der Stelle durchführen, sondern in einem großen Bogen, sodass alle Gruppenmitglieder dabei ihre Position behalten können.
Ein Mittaucher zeigt unlogische Reaktionen oder Fehlbeurteilungen (Anzeichen eines Tiefenrauschs).	Mittaucher direkt fixieren, Kontakt halten, beruhigen, höher tauchen, den Tauchgang unter Einhaltung der Austauchregeln mit Betreuung des Betroffenen möglichst zügig beenden.	Tiefengrenzen beachten. Alle Mittaucher beobachten und im Blick behalten, mit zunehmender Tiefe häufiger und mit engerem Kontakt.
Ein Taucher hat sich unter Wasser verfangen.	Das Netz oder den Gegenstand auf Zug bringen und dann die Maschen lösen oder mit dem Tauchermesser bzw. Schneidwerkzeug zerschneiden. Verhakt man sich auch mit dem nicht zugänglichen Teil der Ausrüstung, z. B. mit dem DTG, muss der Tauchpartner helfen. Nicht in Panik geraten oder das Tauchgerät abwerfen, sondern in Ruhe die Situation lösen.	Nicht nah an Netze oder andere Hindernisse herantauchen, gute Rundumsicht, Mitführen eines Schneidwerkzeugs. Vorsichtiges Tauchen.
Ein Taucher hat einen zu geringen Luftvorrat unterhalb des Reservedrucks.	Luftmanagement durch Abgabe des Hauptatemreglers des Mittauchers mit dem höchsten Restdruck, dieser geht auf seinen Zweitatem-	Richtige Planung des Tauchgangs, regelmäßige Kontrolle des Flaschendrucks der Mittaucher. Übung des Luftmanagements.

Zwischenfall	Reaktion	Vorbeugung
	regler über, anschließend geeignete Positionierung. Beendigung des Tauchgangs, ggf. zurück schnorcheln, dies kann mit Gefahren verbunden sein.	
Ein Taucher gerät in Dekopflicht während des Aufenthalts in der Tiefe.	Kein Problem, wenn es geplant war. Verlassen der Tauchtiefe und höher tauchen, den Tauchgang unter Einhaltung der Austauchpausen beenden. Maßgeblich ist der Tauchcomputer mit der strengsten Austauchzeit.	Planung des Tauchgangs. Vereinbarung der Anzeige der Restnullzeit. Vereinbarung der Zeichen für die Anzeige der Dekompression. Zur Vermeidung von Dekompression ständiges Beobachten der Nullzeit der Mittaucher, Kennen der Tauchcomputer und rechtzeitiges Höhertauchen, um eine Dekopflicht zu vermeiden.
Du verlierst als Gruppenführer die Orientierung und findest nicht den Weg zurück zum Ausgangspunkt.	Das kann jedem Gruppenführer mal passieren. Zunächst Gruppenmitglieder um Rat fragen. Bei weiterer Unsicherheit entscheidest du allein, was gemacht wird. Eine Suche ist nur sinnvoll, wenn man sich in der Nähe des Ausgangspunktes vermutet und alle Taucher noch genug Luft und Restnullzeit haben. Sonst Austauchen an die Wasseroberfläche, Ausgangspunkt anpeilen und dorthin unter Wasser (bei ausreichend Luft, vorherige Abfrage!) zurücktauchen oder sonst zurückschnorcheln. Beachtung einer eventuellen Strömung und ständiges Gegenhalten.	Vor dem Tauchgang Einholen aller für die Orientierung notwendigen Informationen, mach dir ein Bild von dem Tauchgebiet. Tauche unter Ausnutzung aller natürlichen Orientierungshilfen, des Kompasskurses, der Tiefenlinien und der Tauchzeit. Entferne dich bei Unsicherheit nicht zu weit vom Ausgangspunkt. Lasse dich nicht durch andere Vorkommnisse ablenken und behalte immer die Orientierung wie selbstverständlich im Auge, ohne ständig auf den Kompass zu schauen. Die Gruppenführung hat Vorrang!

4. Gruppenführung in der Tauchpraxis

4.1 Sicherheitsvorkehrungen

Ein Tauchgang soll für jeden Beteiligten zu einem schönen Erlebnis werden. Die Hauptvoraussetzung dafür ist natürlich, dass jederzeit die höchstmögliche Sicherheit gewährleistet ist. Die sichere Durchführung des Tauchgangs ist die wesentliche Aufgabe aller Beteiligten, auch wenn dieser Aspekt oft im Hintergrund wie selbstverständlich abläuft. Da eine Vernachlässigung der Sicherheitsvorkehrungen fatale Folgen haben kann, müssen wir alle gewisse Regeln beachten.

Verantwortlich für die Sicherheit bei einem Tauchgang ist zunächst jeder einzelne Taucher selbst. Oft werden auch Teile der Sicherung durch die Tauchbasis übernommen, an der ihr taucht. Die Verantwortung für die gewissenhafte Überprüfung aller Sicherheitsvorkehrungen liegt aber in jedem Fall bei der jeweiligen Tauchgruppe und damit auch bei dir als Gruppenführer.

Als **Gruppenführer** hast du selbstverständlich die Aufgabe, den Tauchgang ohne Schaden durchzuführen und die Gruppe auch wieder heil an Bord des Tauchbootes oder an Land zu bringen. Auch wenn die Tauchbasis oder ein Tauchlehrer die Aufsicht zur Einhaltung der Sicherheitsregeln bei allen Tauchgruppen hat, so sorgst du als Gruppenführer doch wesentlich für die Sicherheit bei deiner Tauchgruppe. Mach dich daher vor dem Tauchgang mit den **Sicherheitsvorkehrungen** vertraut. Verlasse dich aber nicht allein auf andere, sondern überprüfe zunächst,

- ob das Tauchboot ein funktionsfähiges Sauerstoffsystem an Bord hat,
- ob die Sauerstoffflasche gefüllt ist und wie das Sauerstoffsystem funktioniert,
- wie eine Funk- oder Telefonverbindung zu einem Rettungsdienst hergestellt werden kann,
- ob das Tauchboot ein Beiboot hat,
- durch wen die Sicherung an Bord oder an Land während des Tauchgangs erfolgt,
- welche Zeichen im Notfall zum Boot oder an Land gegeben werden und wie dann die Rettungskette funktioniert,
- wie ein Taucher an Bord des Tauchbootes oder an Land gebracht werden kann,
- wie die Rahmenbedingungen des Tauchgebietes sind und welche Orientierungsmerkmale du dort nutzen kannst.

Im Rahmen der eigentlichen Tauchgangsdurchführung gehören dann weitere Sicherheitsaspekte hinzu:

- **eindeutige Absprachen** zum Ablauf und zu den Regeln,
- **konsequentes Verhalten** mit Einhaltung der Absprachen auch hinsichtlich Maximaltiefe, maximaler Tauchzeit, Kurs und Gruppenformation,
- **Beherrschen der Ausrüstung und Orientierung**,
- **ruhige Bewegungen** zur Vermeidung von Hektik und Unruhe, klare Zeichengebung,
- **Überblick über die Gruppe**, um schon im Ansatz Gefahren zu erkennen und zu vermeiden,
- **Wahrnehmung, wie sich Mittaucher verhalten oder fühlen**, Blick- und/oder Handkontakt,
- **Erkennen kritischer Situationen** durch Beobachtung der Gruppe und Einschätzung der Rahmenbedingungen, vorausschauendes Handeln,
- **Mut zum Abbruch einer Übung oder des Tauchgangs**, wenn dies nicht sicher fortgesetzt werden kann.

4.2 Aufgaben der Sicherungsgruppe

Für den Fall, dass trotz aller Vorkehrungen etwas passiert, sollte bereits im Vorfeld organisiert sein, wie dann vorzugehen ist. Dazu sind sowohl beim Tauchen von Land als auch beim Tauchen vom Boot Ansprechpartner festzulegen, die bei einem Notfall durch vereinbarte Signale benachrichtigt werden und alle notwendigen Maßnahmen einleiten können.
Diese Sicherung wird entweder durch die Tauchbasis oder durch die Tauchgruppen selbst vorgenommen. Beim Tauchen vom Boot bleiben dazu neben dem Schiffsführer Taucher an Bord, die für die Sicherheit sorgen. Diese Taucher werden als Sicherungsgruppe bezeichnet. Gleiches gilt beim Tauchen von Land. Dann werden an der Einstiegsstelle Taucher benötigt, die die Funktion der Sicherung wahrnehmen. Wenn nicht das Personal der Tauchbasis diese Aufgabe übernimmt, bleibt in der Regel zunächst eine Tauchgruppe an Land oder an Bord, während die übrigen Gruppen tauchen. Nach der Rückkehr der ersten Tauchgruppe übernimmt diese dann die Sicherung, und die bisherige Sicherungsgruppe kann tauchen gehen. In der Praxis erfolgt dies auch oft in einem fließenden Übergang, indem die Sicherungsgruppe zunächst die anderen Gruppen beim Einstieg absichert, dann die Tauchgangsliste dem Schiffspersonal übergibt und selbst tauchen geht, während die Bootsbesatzung die Absicherung und Beobachtung auftauchender Gruppen übernimmt.

Die folgenden Aufgaben werden von der Sicherungsgruppe wahrgenommen:

- **Sicherung der Taucher und der Ausrüstung** bei der Überfahrt und Hilfestellung
- **Sicherungstaucher bleiben einsatzbereit an Bord**, dabei bleibt die ABC-Ausrüstung griffbereit
- **Kontrolle der Einsatzbereitschaft** des Beibootes und der Notfallsysteme vor der Tauchausfahrt und nach dem Ankern am Tauchplatz, sofern dies nicht durch die Besatzung erfolgt, sowie ggf. Auslegen einer Strömungsleine und eines Dekogerätes[1], Mitnahme eines Reservegerätes,
- **Betreuung der Tauchgruppen beim Ausstieg**, Hilfe beim Anziehen der Flossen, Anreichen von Gegenständen, Festhalten beim Schwanken des Bootes, letzter Check der aufgedrehten Ventile unmittelbar vor dem Sprung, Kontrolle des freien Sprungbereichs,
- **Abfrage des OK-Zeichens** nach dem Sprung und Freigabe des Sprungbereichs für den nächsten Taucher,
- **Beobachtung des Tauchgebietes nach auftauchenden Gruppen**,
- Bei auftauchenden Gruppen **Abfrage des OK-Zeichens**, bei größeren Entfernungen mit dem ausgestreckten Arm oder in dem die Arme zu einem Kreis geformt werden, falls bei der Gruppe alles in Ordnung ist, sonst Einleitung der Notfallmaßnahmen,
- wenn auch nach Aufforderung kein OK gegeben wird: **Einholen der Gruppe** mit dem Beiboot (oder ggf. Hauptboot) und **Einleitung der Rettungskette**
- **Hilfe beim Einstieg ins Boot** unter Freihaltung des Leiterbereichs, nur ein Taucher auf der Leiter,
- **Führen der Tauchgangsliste**

4.3 Führen der Tauchgangsliste

Beim Tauchen mehrerer Gruppen ist die Tauchgangsliste unabdingbar, um die Gruppen einzuteilen, die Vollständigkeit festzustellen und wichtige Tauchgangsdaten zu vermerken. Ein Muster einer Tauchgangsliste findest du hier abgebildet. Es empfiehlt sich, die Tauchgangsliste wasserfest zu gestalten, z. B. auf einer Kunststoffschreibtafel, die mit einem Bleistift beschrieben wird. So kann sie auch bei nasser Umgebung beschriftet werden, die Tauchgangsdaten gehen nicht ver-

1 Je nach geplanter Tauchtiefe wird ein DTG mit montiertem Atemregler als Dekogerät in das Wasser gehängt. Vorher wird es aufgedreht, auf Funktion geprüft und unter Druck wieder geschlossen, damit es nicht unbeabsichtigt Druck verliert. Vor Benutzung muss der Taucher das DTG dann aufdrehen.

Tauchgangsliste

VDST

Datum: ______________ Ort: ______________________________________

Windstärke: ___________ Wellengang: ______________ Strömung: ____________

Gemeinsame Vorgaben/Übungen: ______________________________________

____

Gruppe 1		Gruppe 2		Gruppe 3	
GF:		GF:		GF:	
MT1:		MT1:		MT1:	
MT2:		MT2:		MT2:	
MT3:		MT3:		MT3:	
MT3:		MT3:		MT3:	
MT4:		MT4:		MT4:	
Taucher von Bord:	h	Taucher von Bord:	h	Taucher von Bord:	h
Taucher an Bord:	h	Taucher an Bord:	h	Taucher an Bord:	h
Tauchzeit:	min	Tauchzeit:	min	Tauchzeit:	min
Tauchtiefe:	m	Tauchtiefe:	m	Tauchtiefe:	m
Dekompression 3 m:	min	Dekompression 3 m:	min	Dekompression 3 m:	min
Dekompression 6 m:	min	Dekompression 6 m:	min	Dekompression 6 m:	min
Dekompression 9 m:	min	Dekompression 9 m:	min	Dekompression 9 m:	min
Gruppe 4		**Gruppe 5**		**Gruppe 6**	
GF:		GF:		GF:	
MT1:		MT1:		MT1:	
MT2:		MT2:		MT2:	
MT3:		MT3:		MT3:	
MT3:		MT3:		MT3:	
MT4:		MT4:		MT4:	
Taucher von Bord:	h	Taucher von Bord:	h	Taucher von Bord:	h
Taucher an Bord:	h	Taucher an Bord:	h	Taucher an Bord:	h
Tauchzeit:	min	Tauchzeit:	min	Tauchzeit:	min
Tauchtiefe:	m	Tauchtiefe:	m	Tauchtiefe:	m
Dekompression 3 m:	min	Dekompression 3 m:	min	Dekompression 3 m:	min
Dekompression 6 m:	min	Dekompression 6 m:	min	Dekompression 6 m:	min
Dekompression 9 m:	min	Dekompression 9 m:	min	Dekompression 9 m:	min

Besondere Vorkommnisse:

Datum: Unterschrift:

Tauchgangsliste

loren, und durch Reinigung mit einem Radiergummi oder mit einem Schwamm und Scheuermittel steht die Tafel für den nächsten Tauchgang wieder zur Verfügung. Am besten befestigst du Bleistift und Radiergummi mit einem Band an der Schreibtafel, um alles immer griffbereit zu haben.

Im Einzelnen werden mit der Tauchgangsliste folgende Sicherheitsfunktionen gewährleistet:

- Feststellen der Mittaucher und Gruppeneinteilung vor dem Tauchgang
- Kontrolle der Anwesenheit und Vollständigkeit der Gruppen an Bord
- Vermerk der Einstiegszeit
- Vermerk der Ausstiegszeit, der Tauchzeit, Tauchtiefe, erfolgter Dekompression und besonderer Vorkommnisse zum Nachvollziehen der Dekompression und eventueller Unfallursachen
- Vermerk zwischendurch auftauchender Gruppen
- Kontrolle der Vollständigkeit nach den Tauchgängen
- Tauchgangsdokumentation durch Aufbewahrung der Daten nach dem Tauchgang (mit Datum und Unterschrift des Protokollführers), ggf. als Kopie oder als Foto.

4.4 Rettungskette und Notfallsystem

Da es bei jedem Tauchgang zu problematischen Zwischenfällen kommen kann, werden vor Beginn eines Tauchgangs die notwendigen Sicherheitsvorkehrungen getroffen.

Erkundige dich rechtzeitig vorher über das Gewässer, in dem du tauchen möchtest. Unter welchen Auflagen ist das Tauchen dort überhaupt erlaubt? Welche Tiefen und welches Gewässerprofil findest du vor? Ferner: Welche Gefahrenpunkte gibt es, welche Strömung herrscht dort? Besorge dir eine Seekarte und hole dir Informationen von deiner Tauchbasis, vom Schiffsführer, vom verantwortlichen Tauchlehrer und von anderen Tauchern, die bereits dort getaucht haben. Vorherige Information ist die beste Vorbeugung, damit nichts Unvorhergesehenes passiert. Wenn du als Gruppenführer deine Mittaucher entsprechend ins Gewässer einweist, hast du schon einen großen Teil für die Sicherheit getan. Wenn bei dem Tauchgang besondere Übungen vorgesehen sind, besondere Regeln für die Dekompression oder das Tauchprofil gelten oder bestimmte Gefahrenpunkte vorhanden sind, so erkläre diese ausführlich in der Vorbesprechung, damit gar nicht erst Notfälle entstehen. Wenn es an dem Gewässer notwendig ist, melde den Tauchgang vorher an. Bei größeren Tauchveranstaltungen empfiehlt es sich auch, die nächstgelegene Rettungsleitstelle zu informieren.

Für dich als Gruppenführer sollte auch vor dem Tauchgang klar sein, wie man im Notfall die Rettungskette auslöst. Wer ist der Ansprechpartner an Land oder an Bord, der im Notfall zu alarmieren ist? Welche Zeichen gelten für die Alarmierung? Wie kann Hilfe herbeigerufen werden? Wo befindet sich das nächste Telefon, Handy oder Funkgerät, und wie wird es bedient? Ist überhaupt ein Mobilfunknetz am Gewässer verfügbar, oder wird ein Autoschlüssel benötigt, um das Handy zu erreichen? Wie wird das Funkgerät bedient, welcher Kanal ist einzustellen und wer ist zu rufen?

Für eine funktionierende Rettungskette

- Erkundigungen zum Gewässer und Informationsweitergabe
- Anmeldung des Tauchgangs
- Fähigkeit zur Auslösung der Rettungskette
- Nächstes Telefon oder Funkgerät, Fähigkeit zu Bedienung
- Notfallnummern Hotline, Druckkammern, Ärzte, Leitstelle
- Notfallmeldung
- Notfallkoffer mit Sauerstoff verfügbar und einsatzbereit
- Möglichkeit des Rettens an Bord oder ans Ufer vorher klären
- Transportmittel gegebenenfalls bereithalten
- Führen der Tauchgangsliste

Zur Abgabe einer **Notfallmeldung** führe immer eine Liste mit den Telefonnummern und der Erreichbarkeit der nächsten Druckkammer, der nächsten Ärzte und eines ggf. erforderlichen Hubschraubertransportdienstes mit dir. Diese sind ortsabhängig und sollten daher vorher zuverlässig recherchiert werden.

An Bord eines Tauchschiffes oder an Land bei größeren Tauchveranstaltungen sollte immer ein Notfallkoffer zur Hand sein, der zumindest ein funktionsfähiges Sauerstoffsystem und Hilfsmittel für die Reanimation enthält. Das Vorhandensein allein nützt allerdings wenig, wenn nicht auch Helfer bereitstehen, die im Umgang damit ausgebildet sind.

Wenn ein Notfall eingetreten ist, ist sicherzustellen, dass nach einem Transport zum Boot oder an Land auch eine Rettung ins Boot oder eine Rettung über die Uferböschung an Land möglich ist. Dies ist je nach Leitertyp oder Uferbeschaffenheit schwierig und muss vor dem Tauchgang geklärt werden.

Nach dem Transport an Land oder an Bord ist die Erste Hilfe und das Absetzen des Notrufes die vordringliche Aufgabe. Unter Umständen wird auch ein Transportmittel (z. B. Auto) benötigt, welches einschließlich Fahrzeugschlüssel für solche Fälle bereitstehen sollte. Ein wichtiges Sicherheitsinstrument ist die Tauchgangsliste, die bei einem Unfall Aufschluss über den Hergang und das Tauchprofil geben kann. Wie du siehst, gehören zu einer funktionierenden Rettung derart viele Sicherheitsvorkehrungen, dass wir sie im Rahmen dieses Kurses nicht vollständig erläutern können. Hierzu dienen vielmehr die Aufbaukurse »Tauchsicherheit und Rettung« sowie »Medizin-Praxis«, an denen du als Gruppenführer möglichst teilnehmen solltest.

4.5 Aufgaben des Gruppenführers beim Einstieg, beim Schwimmen, beim Abtauchen und beim Ausstieg

Einstieg ins Wasser (Sprung)

Vor dem Einstieg ins Wasser wird die Maske aufgesetzt, der Atemregler ist im Mund, beides wird festgehalten und in das Jacket wird etwas Luft gegeben. Der Einstieg vom Boot oder vom Steg erfolgt mit einem sicheren regelgerechten Sprung (entsprechend der Situation vor Ort). In den meisten Fällen ist der Fußsprung vorwärts der sicherste Sprung. Nachdem du als Gruppenführer zuerst ins Wasser gesprungen bist und im Wasser alles klar ist, sowie nach kurzem Selbstcheck (und ggf. Ausspülen der Maske) gibst du das OK-Zeichen zum Boot oder Steg zurück, sodass der nächste Taucher hineinspringen kann und von dir in Griffweite in Empfang genommen wird.

Sprungsicherung

Der Gruppenführer springt zuerst.

Das OK-Zeichen wird vom Gruppenführer erst gegeben, wenn er wirklich bereit ist (sonst Zeichen für Halt).

Beim Gruppenführer ist der Atemregler im Mund und das Jacket leer. Nur so kann er sofort abtauchen, wenn bei einem Mittaucher beim Sprung eingegriffen werden muss.

Der Gruppenführer positioniert sich in Griffweite des Springenden neben der Einsprungstelle, etwas seitlich.

Nach dem Sprung des Mittauchers schwimmt der Gruppenführer sofort auf den Springenden zu und fixiert diesen gegebenenfalls.

Alle Mittaucher werden nach ihrem Sprung im Sichtfeld des Gruppenführers »geparkt«. Nach dem Sprung geht die gesamte Gruppe nach Möglichkeit auf Schnorchelatmung über, um sicher zu atmen und nicht unnötig Luft aus dem DTG zu verbrauchen, die für den Tauchgang benötigt wird.

Schwimmen an der Wasseroberfläche

Auch beim Schwimmen (Schnorcheln) an der Wasseroberfläche muss die Gruppe zusammenbleiben, da auch hier Zwischenfälle eintreten können.

Alle Gruppenmitglieder schwimmen daher zusammen, ggf. in einer Linie. Der Gruppenführer hat dabei die gesamte Gruppe im Blick.

Wenn möglich, sollte ein Schwimmen an der Wasseroberfläche unter Schnorchelatmung erfolgen, da die Luft aus dem DTG entweder für den nachfolgenden Tauchgang benötigt wird oder als Reserve für ein eventuelles Wiederabtauchen verwahrt werden sollte. Im Übrigen ist eine Schnorchelatmung in der Regel mit einem geringeren Atemwiderstand verbunden. Für längere Schwimmstrecken reicht oft die Reserveluft des DTG ohnehin nicht aus.

Das Schwimmen in Bauchlage ermöglicht in der Regel eine gestreckte Haltung mit geringerem Wasserwiderstand, außerdem kann so das Ziel gesehen werden. Beim Schwimmen in Rückenlage wird die gestreckte Haltung mit entsprechend geringerem Wasserwiderstand nur durch bewusstes Einnehmen von geübten Tauchern erreicht, und es ist schwieriger einen Kurs zum Ziel zu halten.

Abtauchen

An der Wasseroberfläche wird nicht gesprochen, insbesondere kein wiederholtes Briefing gehalten.

Bei allen Mittauchern wird das OK-Zeichen abgefragt. Das OK als Antwort wird erst gegeben, wenn der gefragte Mittaucher auch wirklich klar zum Abtauchen ist, also insbesondere seinen Atemregler im Mund hat.

In etwa fünf Meter Wassertiefe wird ein kurzer Stopp für einen Check durchgeführt. Hier wird insbesondere wechselweise bei den Mittauchern geschaut, ob Undichtigkeiten vorhanden sind und nicht ordnungsgemäße Blasen aufsteigen. Außerdem sollte bis dahin die Funktion des Zweitatemreglers geprüft worden sein.

Die Ankerleine wird beim Abtauchen mit einbezogen, sofern es sinnvoll ist, zum Beispiel zum Fixieren von Anfängern, zur Erleichterung des Abtauchens bei starker Strömung, nicht jedoch bei Gefährdung der Taucher durch starke Auf- und Abwärtsbewegungen des Bootes.

Nach dem Abtauchen merkt man sich Ankertiefe und -umgebung, um auch auf dem Rückweg problemlos wieder dorthin zurückzufinden.

Auftauchen

Zum Schluss eines Tauchgangs wird ein Sicherheitsstopp von drei Minuten auf etwa fünf Meter bzw. in der Tiefe des letzten Dekostopps eingehalten. Zu beachten sind die Empfehlungen zur Aufstiegsgeschwindigkeit.

Die gesamte Gruppe taucht nach dem Auftauchzeichen des Gruppenführers gemeinsam auf, nachdem dieser sich vergewissert hat, dass kein Mittaucher mehr Austauchpausen einzuhalten hat oder den Sicherheitsstopp noch nicht beendet hat. Anschließend wird ein OK-Zeichen zum Boot oder zum Steg zu den sichernden Personen gegeben, aber nur vom Gruppenführer und erst, wenn er bei allen Mittauchern gecheckt hat, dass bei ihnen wirklich alles in Ordnung ist. Damit das OK-Zeichen auch auf größere Entfernung gesehen wird, sollte es entweder am ausgestreckten Arm oder mit beiden zu einem Kreis geformten Armen gegeben werden.

Ausstieg aus dem Wasser und Einstieg ins Boot

Es wird aus Sicherheitsgründen nie unter dem Boot her getaucht, weil durch Auf- und Abwärtsbewegungen des Bootes oder durch herabfallende Gegenstände eine Verletzungsgefahr für die Taucher besteht.
Bei starker Strömung und Gefahr des Abtreibens kann die Strömungsleine oder andere Hilfsmittel zum Festhalten ergriffen werden.
Mindestens bei Strömung werden die Mittaucher an der Oberfläche an der Ankerleine geparkt, um bei freier Leiter einzeln an diese heran gewunken zu werden, ohne dass vorher unter Anstrengung die Position gehalten werden muss.
Im Wasser bleiben die Flossen an den Füßen, um sich jederzeit fortbewegen zu können. Mindestens eine Flosse bleibt angezogen, bis ein sicherer Halt an der Leiter hergestellt ist. So kann auch bei versehentlichem Loslassen der Leiter diese wieder mit Flossenschlag erreicht werden.
Wichtig: der Bereich um die Leiter wird freigehalten, solange sich ein Taucher auf der Leiter befindet. Nicht selten sind schon Taucher wieder von der Leiter ins Wasser zurückgefallen. Wenn sich dann ein Taucher im Fallbereich befindet, besteht eine hohe Verletzungsgefahr.
Die Masken aller Taucher bleiben in der Regel aufgesetzt, bis man an Bord ist. Dies ist erstens nicht hinderlich und hat zusätzlich den Vorteil, dass keine Probleme entstehen, wenn mal eine Welle das Gesicht erreicht oder wenn man wieder ins Wasser zurückfällt.
Solange die Mittaucher auf den Einstieg warten, sollten sie nach Möglichkeit aus dem Schnorchel atmen (in Abhängigkeit vom Seegang etc.).
Der Einstiegsbereich wird nach dem Betreten des Schiffes sofort freigemacht und freigehalten für nachfolgende Taucher.
Der Gruppenführer verlässt in der Regel als letztes Gruppenmitglied das Wasser, um noch im Wasser befindlichen Mittauchern jederzeit helfen zu können.

4.6 Tauchgangsvorbereitung

Zur Gruppenführung gehört auch eine sorgfältige Planung und Vorbereitung des Tauchgangs, denn die passenden Rahmenbedingungen sind entscheidend, damit auch der Tauchgang erfolgreich und sicher durchgeführt werden kann.
Wesentliche Rahmenbedingungen sind

- die Sichtverhältnisse,
- die Wassertemperatur,
- die Helligkeit,
- das Wetter, damit verbunden auch der Seegang,
- die Strömung,
- der Erlebniswert unter Wasser, insbesondere Bewuchs und Tierwelt
- der Einstieg ins Wasser.

Diese Verhältnisse sind in weiten Teilen planbar.

Auswahl des Gewässers

Beim Tauchen in einem Binnensee spielt sicherlich die Entfernung von deinem Wohnort, die Anfahrtmöglichkeit, aber vor allem die aktuelle Sicht eine Rolle. Erkundige dich daher vorher bei jemandem der vor kurzem in diesem See getaucht hat. Wichtig ist vor allem der Schwierigkeitsgrad des Gewässers. Die zu erwartende Tiefe muss bekannt und angemessen sein. Vorhandene Steilwände, eventuelle Gebäude oder Bäume unter Wasser sollten ebenfalls bekannt sein und gegebenenfalls gemieden werden. Auch Kenntnis über andere Gefahrenpunkte ist wichtig. So kann im Vorfeld festgestellt werden, ob der Tauchgang an diesem Gewässer nicht besser unterlassen werden sollte.
Die Temperatur des Wassers, gerade auch in der Tiefe, spielt für die richtige Wahl des Kälteschutzes eine Rolle. Gerade in stark bewachsenen Seen sollte das Tauchen vermieden werden, wenn dadurch die Umwelt zu sehr geschädigt werden könnte. Erkundige dich daher auch danach.
Beim Tauchen im Meer gibt es wesentlich mehr Sicherheitsaspekte, die bei der Auswahl des Tauchplatzes berücksichtigt werden müssen. Nicht nur die Tiefe, sondern auch eventuell vorhandene Grotten und Höhlen sollten bekannt sein. Höhlen können nicht von Sporttauchern ohne Höhlentauchausbildung und -ausrüstung betaucht werden. Gerade Strömung spielt im Meer eine große Rolle. Wähle einen Tauchplatz, an dem mit wenig Strömung zu rechnen ist oder Strömungsschatten vorhanden ist.
Auch ein guter Ankerplatz ist wichtig. Wenn dann noch bekannt ist, wo es die schönsten Stellen und Meeresbewohner gibt, sind die besten Voraussetzungen für einen schönen und erfolgreichen Tauchgang gegeben.

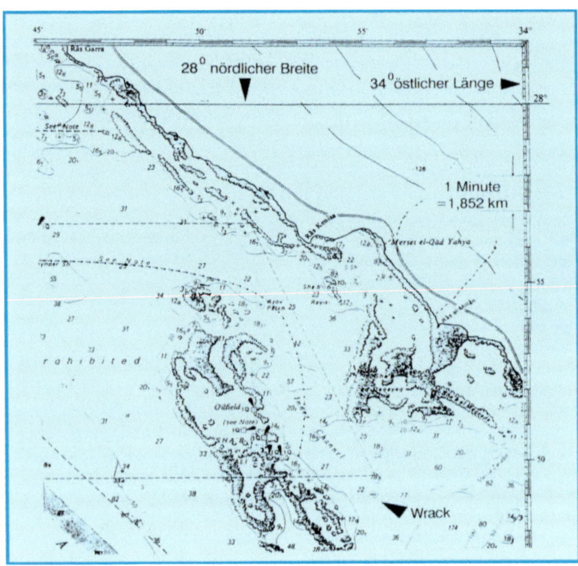

Seekarte

Entscheidend für das Taucherlebnis, für die Sicherheit und für die Kommunikation ist die **Sicht** unter Wasser. Die Sicht hat einen großen Einfluss auf die Psyche der Taucher, sie beeinflusst die Orientierung und die Wahrnehmung der Unterwasserwelt, ist aber auch Grundvoraussetzung zum Erkennen der Mittaucher und zur Verständigung untereinander.

Die Sicht ist in einem gewissen Rahmen planbar. Schon jahreszeitlich bedingt haben Seen Phasen mit eher guter und eher schlechter Sichtweite. Bevor man zu einem Gewässer fährt, erkundigt man sich bei Tauchern, die erst kürzlich vorher in dem See waren, nach den Sichtverhältnissen. Auch bei bester Planung kann es jedoch sein, dass man bei Erreichen des Sees feststellen muss, dass die Sicht aktuell schlecht ist, weil zum Beispiel durch starken Regen Erdreich eingespült worden ist oder weil viele Gruppen bereits vorher getaucht haben. Dann sollten auch trotz weiter Anreise keine Abstriche bei den für die Sicherheit erforderlichen Sichtbedingungen gemacht werden, sondern ein anderer See angefahren werden oder im Zweifel auf den Tauchgang ganz verzichtet werden.

Auch die **Wassertemperatur** ist je nach Jahreszeit unterschiedlich und kann gut geplant werden. Wenn du nicht mit einem Trockentauchanzug tauchst, liegt die Tauchsaison mit akzeptablen Temperaturen in unseren Binnenseen üblicherweise zwischen Mai und Oktober. Es hängt aber auch von dem See selbst ab, ob er sich eher erwärmt oder grundsätzlich kälter ist. Je flacher ein See ist, desto eher wärmt er sich auf, während ein tiefer Steinbruch mit wenig Sonneneinstrahlung weniger Wärme aufnimmt. Mit zunehmender Tauchtiefe wird es auch immer kälter, und in manchen Seen ändert sich auch im Sommer die Temperatur in der Tiefe kaum. Oft haben die Seen eine Sprungschicht, das ist ein Tiefenbereich, unter dem es schlagartig deutlich kälter wird.

Die Wassertemperatur ist deshalb eine so wichtige und sicherheitsrelevante Rahmenbedingung, weil sie in Verbindung mit der Tauchgangsdauer entscheidend ist für die Auskühlung des Körpers. Je nach Auskühlung nimmt die Beweglichkeit und Reaktionsfähigkeit ab, und da mit niedrigerer Außentemperatur auch entsprechend dickere Handschuhe getragen werden, ist auch die Geschicklichkeit im Umgang mit der Ausrüstung beeinträchtigt. Aus diesen Gründen wird besonders beim Tauchen mit Anfängern nur bei entsprechenden Wassertemperaturen und im flacheren Bereich getaucht. Je wärmer das Wasser ist, desto dünner können auch die Handschuhe sein und stellen so nicht noch eine zusätzliche Einschränkung beim Erlernen des Tauchens dar.

Die **Helligkeit** des Wassers hat ebenfalls Einfluss auf die Psyche. Beim Tauchen in der Dämmerung oder unter dunklen Regenwolken nimmt die Anspannung zu, während bei klarem Wetter oder gar ins Wasser einfallenden Sonnenstrahlen Entspannung und Wohlbefinden eintreten. Daher sollten gerade Tauchgänge mit Anfängern nicht bei Regenwetter und zur mittleren Tageszeit stattfinden. Auch mit zunehmender Tauchtiefe nimmt die Helligkeit ab, im Binnensee eher als im Meer.

Auch gute **Wetterverhältnisse** sind Voraussetzung für die Durchführbarkeit eines Tauchgangs und über die Wettervorhersage auch durchaus einige Tage vorher planbar. Neben den schon beschriebenen Einschränkungen durch Regen spielt gerade der Wind eine große Rolle beim Tauchen im Meer. Beim Tauchen von Land oder mit dem Boot kann die Brandung einen Einstieg stark erschweren oder unmöglich machen, und je nach Seegang ist eine Tauchausfahrt mit dem Boot nicht durchführbar. Auch hier muss gegebenenfalls auf den Tauchgang verzichtet werden.

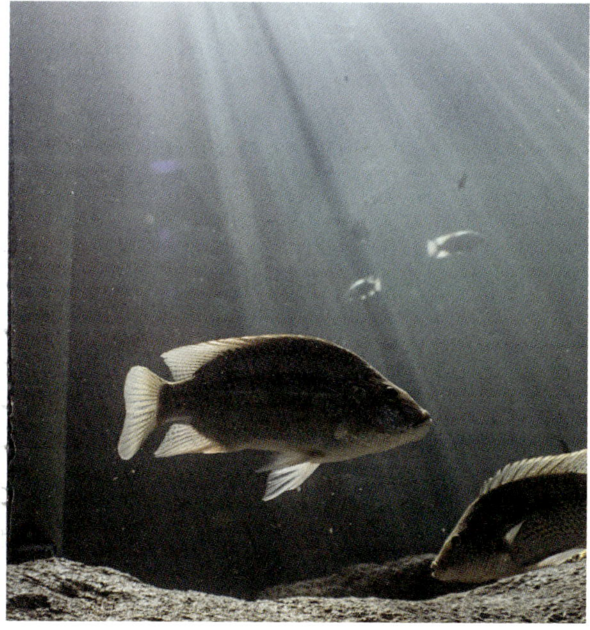

Einfallende Sonnenstrahlen

Bei **Strömung** ist das Tauchen grundsätzlich möglich, denn an den meisten und schönsten Tauchgebieten der Erde herrscht Strömung, und es werden auch Anfänger ausgebildet. Entscheidend ist hier die Stärke der Strömung und die Wahl des Tauchplatzes. Die Richtung und Stärke der Strömung aufgrund von Gezeiten ist mithilfe von Gezeitentabellen gut und langfristig planbar. Darüber hinaus kennt der Tauchbasisleiter vor Ort sehr gut die Gegebenheiten vor Ort und kann Tauchplätze auswählen, an denen es wenig strömt oder an denen ein Tauchen im Strömungsschatten zum Beispiel hinter einem Felsen erfolgt. Ist die Strömung hingegen zu stark, so kann je nach Erfahrung und Kondition der Taucher der Tauchgang nicht durchgeführt werden.

Das Tauchgewässer soll natürlich auch einen **Erlebniswert** bieten, dies ist auch für die psychische Ausgeglichenheit bei Anfängern wichtig. Wenn unter Wasser schöner Bewuchs, Fische oder andere Tiere zu sehen sind, macht dies den Tauchgang nicht nur schöner und interessanter, sondern lenkt auch den Anfänger davon ab, sich nur mit sich selbst und den vielen unbekannten Rahmenbedingungen zu beschäftigen. Und schließlich soll das Tauchen ja vor allem Spaß machen!

Das Tauchgewässer soll auch einen problemlosen **Einstieg und Ausstieg** für Taucher ermöglichen. Beim Tauchen im Binnengewässer oder von Land sollte möglichst ein flacher Einstieg gewählt werden, der ohne Klettern oder andere vorherige Anstrengungen möglich ist und auch keine Uferbereiche schädigt. Auch ein

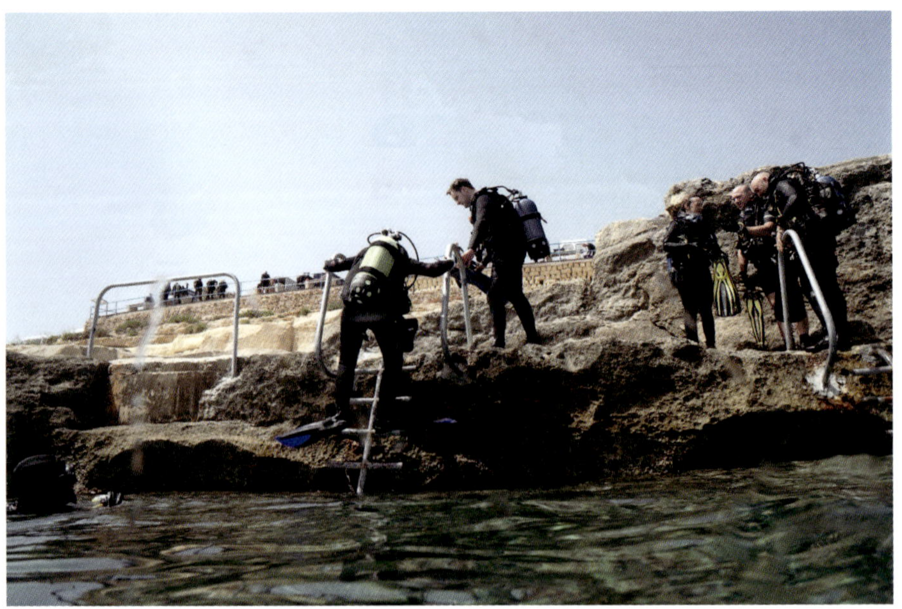

Ausstieg

Einstieg von einem Steg ist geeignet, wenn dann auch eine passende Ausstiegsmöglichkeit vorhanden ist. Dies sollte immer vor dem Tauchgang geprüft werden. Beim Tauchen vom Boot erfolgt der Einstieg üblicherweise mit einem Sprung ins Wasser, der auch für Anfänger – gegebenenfalls zunächst einmal ohne Tauchgerät – problemlos möglich ist. Für den Ausstieg sollte am Boot eine geeignete Flossenleiter vorhanden sein.
Insgesamt sollte das Tauchgewässer bekannt, interessant und hinsichtlich Tiefe und Profil dem Erfahrungsstand der Taucher angepasst sein. Vorhandene Steilwände, Gebäude, Bäume unter Wasser sollten bekannt sein und gegebenenfalls gemieden werden. Am besten erkundigst du dich vorher bei Ortskundigen über die Besonderheiten des Gewässers.

Taucherlaubnis

Je nach Tauchgewässer und Land gibt es Auflagen, unter denen das Tauchen dort überhaupt erlaubt ist. Erkundige dich vor einem Tauchgang, ob und unter welchen Voraussetzungen das Tauchen dort erlaubt ist. Beim Tauchgang im Meer kennt deine Tauchbasis die zu beachtenden Regularien. In manchen Ländern ist auch eine vorherige Tauchgenehmigung erforderlich. Erkundige dich vor einem Tauchurlaub, ob hierfür Fotokopien oder Passbilder mitzubringen sind. Auch die Dauer der Gültigkeit der Tauchtauglichkeitsuntersuchung ist je nach Land unterschiedlich geregelt.

Tauchzeit

Berücksichtige schon bei der langfristigen Planung, ob zu der vorgesehenen Jahreszeit und auch zu der geplanten Tageszeit getaucht werden kann. Oftmals gibt es auch Einschränkungen für das jeweilige Gewässer. Insbesondere das Nachttauchen ist in vielen Seen und auch am Meer reglementiert. Je nach Jahreszeit erfordert das Tauchen einen besonderen Kälteschutz und Erfahrungsstand.
Auch die Planung der Tauchzeit unter Wasser ist abhängig von der Temperatur und dem Erfahrungsstand der Taucher. Entscheidend ist aber eine genaue Planung anhand der vorgesehenen Tiefe und des Luftvorrates unter Berücksichtigung des Luftverbrauchs und eventueller Dekompressionspausen. Auch die Vorgaben der Tauchbasis zur maximalen Tauchzeit sind zu beachten. Beim Tauchen im Meer kann auch durch das Einsetzen der Gezeitenströmung das Zeitfenster für Tauchgänge beschränkt sein.

Tauchgruppenzusammensetzung

Entscheidend für die weiteren Planungen insbesondere hinsichtlich Tauchgewässer und Tauchzeit ist der Leistungsstand der Mitglieder deiner Tauchgruppe. Das

Tauchprofil, die Tauchtiefe und die Tauchzeit richtet sich nach dem Taucher mit der niedrigsten Taucherfahrung, und die Tauchzeit wird auch begrenzt durch den Taucher, der zuerst friert oder andere Probleme hat. Mithilfe des Taucherpasses und des Taucherlogbuchs kannst du dir ein Bild vom Erfahrungsstand deiner Mittaucher machen. Hierzu gehört auch eine gültige Tauchtauglichkeitsuntersuchung und die Erkundigung nach dem aktuellen Gesundheitszustand sowie nach dem allgemeinen Wohlbefinden.

Wenn sich ein Mittaucher nicht wohl fühlt oder noch unter dem Einfluss von Medikamenten oder Restalkohol steht, ist auch einmal die unbequeme Entscheidung fällig, diesen Taucher vom Tauchgang auszuschließen.

Nach den derzeit aktuellen Regeln zur Tauchgruppenzusammenstellung des VDST (gemäß aktueller VDST-DTSA-Ordnung oder VDST-Sicherheitsstandards) bist du als Taucher mit DTSA* dazu qualifiziert, nur in Begleitung eines erfahrenen Tauchers (d.h. DTSA*** oder DTSA** bis 20 m Tiefe) zu tauchen. Als Taucher mit DTSA** bist du dazu qualifiziert, mit anderen DTSA**-Tauchern bis 40 m tief zu tauchen. Auch einen DTSA*-Taucher darfst du dann bis 20 m Tiefe begleiten.

Aber natürlich ist diese Regelung keine hinreichende Bedingung für eine passende Gruppenzusammensetzung. Sie basiert darauf, dass die Taucher auch die ihrer Brevetierung entsprechende Befähigung erworben und nachgewiesen haben. Sicherlich gibt es aber auch Taucher mit höherer Qualifikation, die für die Begleitung anderer Taucher nicht in Betracht kommen. Im Zweifelsfall muss der für die Gruppenzusammensetzung Verantwortliche nachweisen können, dass die entsprechende Qualifikation auch vorlag. Dies lässt sich objektiv nur der Brevetierung entnehmen.

Bei der Gruppeneinteilung berücksichtigst du natürlich vor allem, wie gut du die Taucher kennst. Je präziser dein Bild von den Mittauchern ist, desto besser kannst du auch die Einteilung vornehmen. Dabei spielen nicht nur die taucherische Erfahrung, sondern auch die Persönlichkeit der Taucher und deren Umgang miteinander eine große Rolle.

Auch die Art des Tauchgangs ist für die Gruppenzusammensetzung ein wichtiges Kriterium. Für eine Übung gelten natürlich die besonderen Umstände der Übungsbeschreibung. Je nach Aufgabe besteht die Gruppe aus einer bestimmten Anzahl von Tauchern, und je nach angestrebter Brevetstufe wirst du die Mittaucher dazu passend auswählen.

Bei der Gruppeneinteilung sollten Taucher mit gleichen Interessen zusammen eingeteilt werden, z. B. Unterwasserfotografen oder Taucher, die bestimmte Zielpunkte oder Tiefenbereiche aufsuchen möchten. Auch Taucher, die eine Übung durchführen möchten, sollten gemeinsam eingeteilt werden.

Kriterien für die Gruppeneinteilung

- bekannt / unbekannt
- erfahren / unerfahren
- Lusttauchgang / Übung
- Rahmenbedingungen und Gewässer
- Einteilung sehr großer Gruppen
- Luftverbrauch

Anzahl der Taucher

Auch die Größe der Tauchgruppen ist begrenzt. Am einfachsten zu führen sind Tauchgänge zu zweit, insbesondere wenn du mit der Führung von Gruppen beginnst. Die Gruppengröße ist auch beschränkt durch die Sichtweite. Während in Binnenseen mit eingeschränkter Sicht die Gruppen nicht mehr als drei Personen umfassen sollten, können im Meer durchaus auch Gruppen mit mehr Tauchern gebildet werden, falls die Erfahrung der Taucher, die Sicht, die Wasserverhältnisse und das Tauchgebiet dies zulassen.
Auch an dem Gewässer selbst spielt die Anzahl der gesamten Taucher eine Rolle, da gerade kleine Seen mit zu vielen Tauchern leicht überlastet sind. Es ist dann auch für alle Taucher nicht schön, bei immer schlechter werdenden Sichtverhältnissen noch Bereiche mit guter Sicht zu suchen.
Beim Tauchen vom Boot schränkt schon die Größe des Bootes die Anzahl der Taucher ein. Ab einer gewissen Zahl endet der Tauchbetrieb an Bord im Chaos, wenn nicht ein umsichtiger Leiter für geordnete Verhältnisse und Disziplin an Bord sorgt.

Umwelt

Erkundige dich, in welchen Bereichen eines Gewässers nicht getaucht werden soll, weil dies die Umwelt schädigt. Schutzzonen sind beispielsweise Laichgebiete, viele Wasserpflanzen oder Fischzuchten. Aber auch in den betauchbaren Bereichen eines Gewässers ist eine gute Tarierung der Taucher eine Voraussetzung.
Dies gilt besonders beim Tauchen im Meer, da sonst gerade in besonders schönen Gebieten zum Beispiel mit Korallen durch das unsachgemäße Tauchen Zerstörungen die Folge sein können. Mit weniger erfahrenen Tauchern sollte dort gar nicht erst getaucht werden.

Ein- und Ausstieg

Es sollte möglichst ein befestigter Einstieg gewählt werden, an dem keine Uferbereiche geschädigt werden. Ein flacher Einstieg oder ein Einstieg mit Sprung von einer Plattform sind hilfreich. Alle Taucher sollten den gleichen Einstieg wählen. Aus Sicherheitsgründen sollte vorher überlegt werden, ob und wie es im Notfall möglich ist, jemanden an das Ufer oder an Bord zu bringen. Bei manchen Steilufern oder Bootsleitern ist eine Rettungsaktion fast unmöglich.

Notfallorganisation

Bereits bei den Planungen eines Tauchgangs ist zu berücksichtigen, wie dort eine Rettungskette funktioniert, welche Rettungssysteme vorhanden sind und wie im Notfall jemand an Land oder an Bord gebracht werden kann. Dies wurde im Abschnitt zu den Sicherheitsvorkehrungen, zur Rettungskette und zum Notfallsystem genauer besprochen.

Ausrüstung

Manche Tauchgänge erfordern zusätzliche Ausrüstungsgegenstände. Je nach Ufer ist eine Leine hilfreich. Bei Nachttauchgängen sind ausreichend Lampen und Hilfsmittel mitzubringen. Der Kälteschutz muss ausreichend sein. Es müssen genügend Tauchgeräte zur Verfügung stehen, wenn mehrmals getaucht werden soll. Ein Kompressorbetrieb sollte nach Möglichkeit am Gewässer vermieden werden. Dass die Ausrüstung eines jeden Tauchers vollständig ist, sollte nicht erst am Tauchgewässer, sondern schon vor der Abfahrt feststehen.

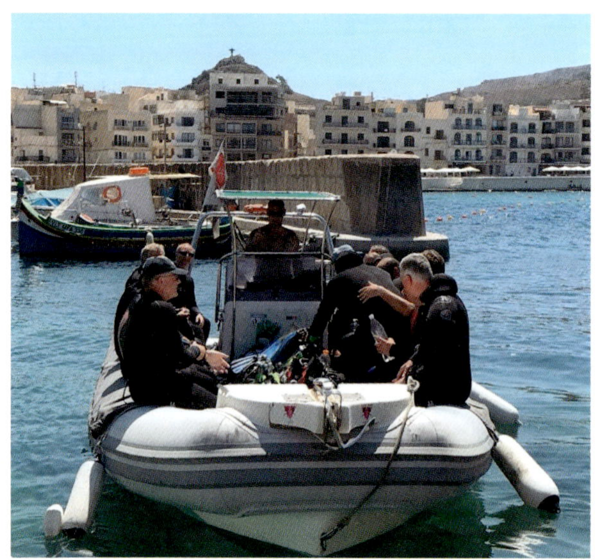

Ausfahrt

Ausfahrt

Fährst du mit einem Boot zu einem Tauchplatz, so kümmert sich in der Regel die Besatzung um den Bootsbetrieb, ansonsten sind vorher die Betriebssicherheit, Öl, Kraftstoff, Notsignalmittel, Werkzeug und Bootsausstattung zu prüfen. An Land wird das Ziel und die voraussichtliche Rückkehrzeit hinterlassen.

An Bord nehmen alle Taucher feste Plätze ein, idealerweise zusammen mit den anderen Mitgliedern der Tauchgruppe. Nachdem die Tauchgeräte gegen Umfallen gesichert, verstaut sind und auch die eigene Tauchausrüstung in geeigneten Taschen oder Kisten platziert wurde, bleibt ihr während der Ausfahrt möglichst sitzen und behindert nicht die Bootsbesatzung oder den Bootsführer. Insbesondere beim An- und Ablegen sowie beim Ankern sollte niemand im Weg stehen oder herumlaufen. Erst nachdem der Tauchplatz erreicht wurde, der Anker sitzt und der Bootsführer das OK gegeben hat, beginnt das weitere Anlegen der Tauchausrüstung. Bei hohen Außentemperaturen sollte der Tauchanzug erst unmittelbar vor dem Tauchgang angezogen werden, soweit dies möglich ist. Bei kleinen Booten sollte zumindest das Oberteil offen bleiben oder zunächst weggelassen werden.

Informationen an die Mittaucher

Du hast als Gruppenführer durch die genannten vorbereitenden Maßnahmen natürlich einen Informationsvorsprung vor deinen Mittauchern. Selbstverständlich möchten auch deine Mittaucher über den bevorstehenden Tauchgang informiert werden. Dies ist auch unbedingt notwendig, damit sie sich richtig verhalten können. Sortiere deine erhaltenen Informationen nach Wichtigkeit und Relevanz und teile deinen Mittauchern nur das Notwendige mit. Diese Informationen gehören nicht unbedingt in die Tauchgangsvorbesprechung der einzelnen Tauchgruppe, sondern können vor den Tauchgängen allen Tauchgruppen gemeinsam bekannt gegeben werden.

Zu diesen Informationen gehören zum Beispiel:

- Orientierungsmerkmale über Wasser, Orientierungspunkte unter Wasser, Tauchrichtung
- Strömungsstärke, Strömungsrichtung, Gezeitenstillstand
- Ort, Art und Reihenfolge des Einstiegs
- Verhalten und Zeichengebung beim Sprung
- Ort des Abtauchens, Aufsuchen des Tauchgebietes
- Gefahrenpunkte und Sehenswürdigkeiten
- Verhalten beim Auftauchen im freien Wasser
- Verhalten bei Abtreiben
- Ort des Auftauchens
- Verhalten beim Verfehlen des Ankers
- Verhalten im Notfall, Alarmierung des Schlauchbootes
- Zeichengebung zum Boot
- Ausstieg aus dem Wasser
- Ordnung an Bord des Tauchbootes
- Rettungskette und Auslösung der Rettungskette

4.7 Tauchgangsvorbesprechung

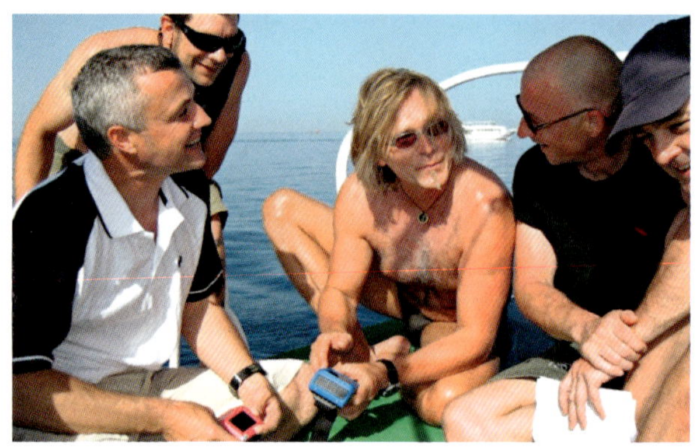

Nicht gewünschte Zwischenfälle können vermieden werden, wenn vorher kurz die Tauchtiefe, Tauchzeit, Kurs und Verhaltensregeln besprochen werden. Auch die gegenseitige Kontrolle der Ausrüstung vor dem Tauchen gehört dazu. Aus Gründen der Sicherheit ist daher eine kurze Tauchgangsvorbesprechung (Briefing) unverzichtbar. Diese gehört auch zu deinen Aufgaben im Rahmen der Führung von Tauchgruppen.

Die Tauchgangsvorbesprechung sollte in angenehmer Atmosphäre stattfinden, das heißt in Ruhe, ohne Störeinflüsse beispielsweise durch Kompressorlärm oder andere Personen. Gerade bei hohen Außentemperaturen sollte der Tauchgang besprochen werden, bevor der Tauchanzug angezogen wurde, um eine Überhitzung zu vermeiden. Auch das Tauchgerät und das Blei werden erst später angezogen.

Die Tauchgangsvorbesprechung sollte möglichst kurz sein, aber alle wesentlichen Punkte enthalten. Die Rettungskette wurde bereits im Vorfeld vorbereitet und besprochen, dies wird nicht noch einmal in der Vorbesprechung aufgerollt. Es hat sich bewährt, in der Vorbesprechung eine gewisse Struktur (Mensch, Tauchgewässer, Durchführung, Ausrüstungscheck) einzuhalten. Dabei geht der Gruppenleiter zunächst auf euch als Personen ein und beschreibt dann das Tauchgewässer, den Ein- und Ausstieg sowie den beabsichtigten Kurs. Anschließend beschreibt er kurz, was ihr bei dem anstehenden Tauchgang üben werdet und worauf dabei zu achten ist. Dies sollte in einer netten Gesprächsatmosphäre erfolgen, damit gerade bei unerfahrenen Mittauchern Anspannung und Stress abgebaut werden kann und ein Vertrauensverhältnis entsteht.

Mensch

Wer sind meine Tauchpartner, worauf ist dabei zu achten? Um das zu Beginn zu klären, fragt der Gruppenleiter bei allen Mittauchern ab,

- wie die Taucherfahrung und der Ausbildungsstand der Mittaucher ist,
- welche eventuellen Besonderheiten oder Probleme bei den vorangehenden Tauchgängen bestanden,

- wie das Wohlbefinden jedes Einzelnen ist,
- wie der aktuelle Gesundheitszustand ist, insbesondere ob eine Erkältung vorliegt,
- ob vor dem Tauchen irgendwelche Medikamente, Alkohol oder Drogen eingenommen wurden,
- wie bei einem Wiederholungstauchgang die aktuelle Nullzeit auf der vorgesehenen Tiefe ist.

Tauchgewässer

Was erwartet mich unter Wasser, wie komme ich dorthin und was gibt es da zu sehen?

Hierzu spricht der Gruppenleiter über

- den Ein- und Ausstieg,
- Ort und Tiefe des Ankers,
- die Unterwasserlandschaft, die geplante Tauchgangstiefe und das Tauchgangsprofil
- zu erwartende Strömungsverhältnisse, Strömungsrichtung, ggf. Gezeitenwechsel und Zeit für das Strömungsminimum zum Gezeitenstillstand
- zu erwartende Sichtverhältnisse,
- zu erwartende Temperatur je nach Tiefe,
- besondere Sehenswürdigkeiten (Fische, Wracks) und mögliche Schwierigkeiten, Steilabfälle, Grotten
- Orientierungsmerkmale
- Seegang und Wetter.

Tauchgangsdurchführung

Hier wird kurz beschrieben, wie der geplante Tauchgang ablaufen soll. Dazu gehören

- geplante Tauchtiefe und -zeit,
- Zweck und Ziel des Tauchgangs,
- Gruppeneinteilung und Positionierung der Mittaucher,
- Reaktion und Vorbeugung zu möglichen Zwischenfällen,
- Unterwasserzeichen,
- Durchführung der Übung, wenn eine solche vorgesehen ist, mit den möglichen Fehlerquellen und Lösungen, um diesen vorzubeugen.

Insbesondere wird auch auf das Verhalten bei schlechter Sicht eingegangen. Wenn einzelne Taucher sich bei schlechter Sicht verlieren, taucht die gesamte Gruppe unter Einhaltung der Austauchregeln auf und trifft sich an der Wasseroberfläche. Je nach örtlichen Gegebenheiten, Erfahrung der Mittaucher oder Rahmenbedingungen kann auch darauf eingegangen werden, wie reagiert wird,

- wenn ein Taucher keinen Druckausgleich bekommt,
- wenn ein Taucher wegen Luftmangel an den Zweitatemregler muss,
- wenn eine Lampe ausfällt,
- wenn man den Anker nicht wiederfindet und im freien Wasser auftauchen muss,
- wenn Austauchpausen eingehalten werden müssen,
- wenn die Strömung stärker ist als erwartet,
- wenn konditionelle Mängel auftreten,
- wenn ein Mittaucher friert oder
- wenn zum Beispiel ein Mittaucher Tarierprobleme bekommt.

Ausrüstungscheck

Erst wenn dann alle vollständig angezogen sind (bis auf Flossen und Maske), führt der Gruppenleiter einen gemeinsamen Check der Ausrüstung durch, damit er die Ausrüstung und Bedienung der Ausrüstung bei allen Mittauchern kennt und damit versehentliche Fehler erkannt werden.
Dazu gehört

- die Reihenfolge des Anlegens,
- Öffnung der Ventile,
- Kontrolle des Fülldrucks,
- Funktion der beiden Atemregler,
- Vollständigkeit des Kälteschutzes einschließlich Füßlinge, Handschuhe und Kopfhaube,
- Anschluss des Inflators,
- Funktionsweise und Bedienung des Jackets mit Ein- und Auslassen von Luft,
- Position von Erst- und Zweitatemregler,
- Vollständigkeit der Instrumente Uhr, Tiefenmesser und Tabelle oder Computer,
- Vorhandensein und Funktion der Lampen,
- Vorhandensein und Bedienung der Sicherheitsausrüstung, z. B. Notboje.

4.8 Tauchgangsdurchführung

Als Gruppenführer leitest du den Tauchgang vom Beginn bis zum Ende des Tauchgangs, dazu gehört auch noch die Rückkehr an der Oberfläche bis zum Betreten des Bootes oder des Ufers. Damit übernimmst du Verantwortung für die Sicherheit deiner Mittaucher und für dich selbst, und die Tauchgruppe möchte auch einen schönen Tauchgang erleben. Du übernimmst beim Tauchgang auch die Orientierung und führst die Gruppe zum Ausgangspunkt zurück. Dies erlernst du im Rahmen des Aufbaukurses »Orientierung beim Tauchen«.

Einstieg und Abtauchen

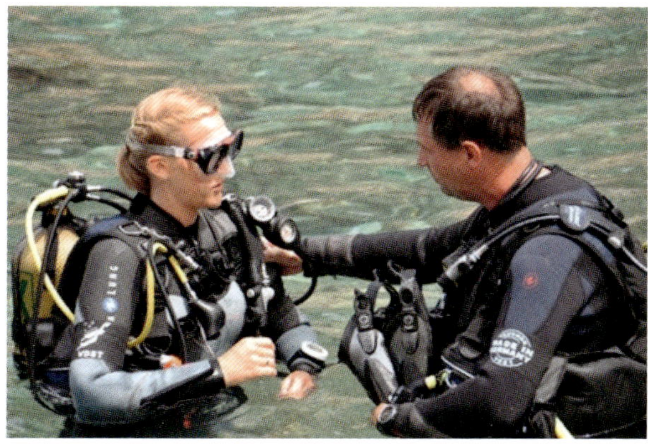

Beim Einstieg unterstützt sich die Gruppe gegenseitig. Beim Tauchgang von Land werden die Flossen erst im hüfttiefen Wasser angezogen. Beim Tauchgang vom Boot wird mit vollständiger Ausrüstung ist Wasser gesprungen, nachdem sich die Gruppe beim verantwortlichen Tauchleiter abgemeldet hat und kontrolliert wurde, dass der Einsprungbereich frei ist. Der Gruppenführer springt zuerst und empfängt die Mittaucher einzeln in Griffweite, bei Schwierigkeiten kann so direkt geholfen werden. Erst wenn das OK-Zeichen zum Boot gegeben wurde und der Einstiegsbereich wieder frei ist, springt der Nächste.

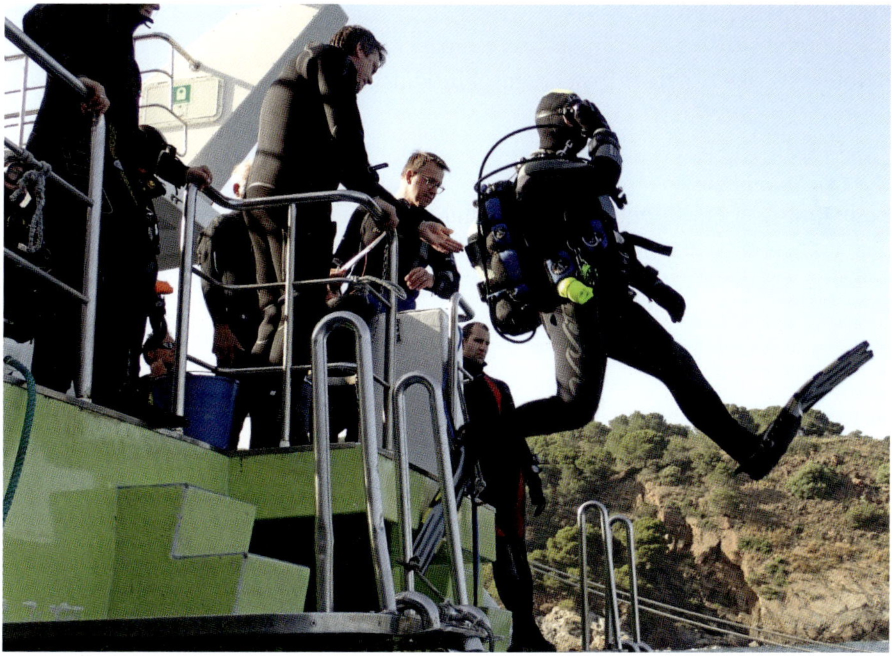

Fußsprung vorwärts vom Boot

Falls dies der erste Tauchgang in dieser Konfiguration ist, erfolgt an der Wasseroberfläche zunächst der Check der richtigen Bleimenge, und bei unbekannten Mittauchern wird der Wasser-Nase-Reflex gecheckt.
Vor dem Abtauchen wird die Kompassrichtung eingestellt. Das Abtauchen erfolgt möglichst mit Grundsicht, beim Tauchgang von Boot kann die Ankerleine als Orientierung zu Hilfe genommen werden. Hilfreich ist hier, an der Ankerleine rückwärts abzutauchen, um die Mittaucher im Blick zu haben. In etwa 3 bis 5 Meter Tiefe wird ein kurzer **Kontrollstopp** eingelegt, um den richtigen Sitz der Ausrüstung, die Funktion beider Atemregler und die Dichtigkeit der Anschlüsse zu checken. Je nach Sicht und Helligkeit werden schon beim Abtauchen die Lampen eingeschaltet, bei schlechter Sicht kann man sich auch anfassen, um ein Verlieren zu vermeiden. Bei Abtauchschwierigkeiten ist die Ursache zu beheben, beispielsweise durch richtige Entleerung des Jackets und ausatemorientierte Atmung. Bei Druckausgleichsproblemen hilft es, zunächst in die senkrechte Position zu gehen, den Kopf nach hinten zu überstrecken und sonst ggf. wieder etwas höher tauchen.
Falls Strömung vorhanden ist, ist dies schon beim Abtauchen zu berücksichtigen. Um nicht abzutreiben, ist ein optischer Bezugspunkt (zum Beispiel Ankerleine, Riff, Grund) wichtig, und es sollte unter Flossenbenutzung bereits gegen die Strömung gehalten werden.
Die erste Gruppe überprüft den Anker auf richtigen Sitz, meidet aber das »Gefahrendreieck« zwischen Ankerkette und Grund.

Tauchgang

Der Tauchgang wird wie abgesprochen in der vorgesehenen Tiefe und mit der vorgesehenen Dauer durchgeführt. Während des Tauchgangs kontrollierst du bei dir und deinen Mittauchern die Rest-Nullzeit, eventuell einzuhaltende Austauchpausen und den Luftvorrat unter Berücksichtigung der Rückkehr zum Ausgangspunkt ohne Einbeziehung der Reserveluft.
Führe den Tauchgang vorausschauend, minimiere durch ein geeignetes Tauchprofil die Stickstoffaufnahme und nutze Strömungsschatten zur kraftsparenden Fortbewegung. Der Tauchgang wird in der Regel gegen die Oberflächenströmung begonnen, um bei vorzeitigem Auftauchen wieder mit der Strömung zum Boot zurück zu gelangen.
Die Gruppe bleibt während des Tauchgangs in der zuvor besprochenen Formation, damit der Gruppenführer mit einem Blick alle Mitglieder der Tauchgruppe sieht. Natürlich kann je nach Tiefe, Sichtweite und Rahmenbedingungen auch einmal die Formation gelockert werden, um beispielsweise in Riffeinbuchtungen nach Fischen zu schauen. Verändern die Mittaucher jedoch ihre Position, so erschwert dies dem Gruppenführer den Zusammenhalt der Gruppe und das gegebenenfalls schnelle

Eingreifen im Notfall. Bei Gruppen von mehr als zwei Tauchern wird ein Taucher als Schlussmann eingeteilt, mit dem sich der Gruppenführer direkt verständigt. Der Gruppenführer muss immer den Überblick über die Gruppe haben und kann mithilfe von Blickkontakt und Unterwasserzeichen die Kommunikation innerhalb der Gruppe gewährleisten.

Die **Formation** beim Tauchen soll gewährleisten, dass die Gruppe zusammenbleibt und der Gruppenführer den Überblick über die Gruppe behält.

Bei einer Zweiergruppe ist dies am einfachsten, weil hier beide Taucher nebeneinander sind.

Bei einer Dreiergruppe kann der Gruppenführer in der Mitte tauchen und hat dann beide Mittaucher in Griffweite, aber er kann nicht mit einem Blick beide Mittaucher sehen. Taucht der Gruppenführer hingegen an einer Seite, so kann er beide Mittaucher mit einem Blick erfassen. Der Nachteil ist dabei, dass der äußere Taucher nicht in Griffweite ist. Daher ist die Formation abhängig vom Erfahrungsstand der Mittaucher.

Bei einer Vierergruppe kann man nicht mehr nebeneinander tauchen, wenn nicht besonders gute Sicht herrscht. Dann ist es sinnvoll, zwei Taucher weiter vorne und die beiden anderen Taucher weiter hinten etwas versetzt tauchen zu lassen, denn dann kann der Gruppenführer mit einem Blick die gesamte Gruppe sehen und sich mit dem Schlussmann verständigen. Außerdem hat so jeder Taucher einen Partner neben sich, an den er sich bei Schwierigkeiten direkt wenden kann. Der Schlussmann sollte dann genau diagonal vom Gruppenführer positioniert sein, dann kann der Gruppenführer beim Blick zum Schlussmann auch die gesamte Gruppe sehen. Noch größere Gruppen können nur bei wirklich guten Sichtverhältnissen gebildet werden, erfordern jedoch eine hohe Aufmerksamkeit des Gruppenführers, die auf Kosten des Tauchgangerlebnisses geht und daher nicht zu empfehlen ist.

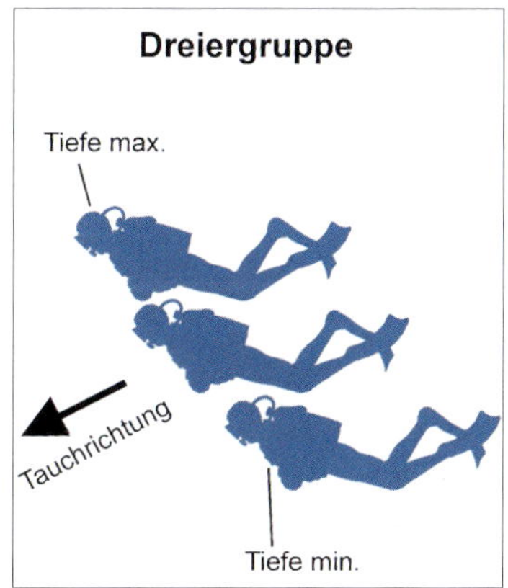

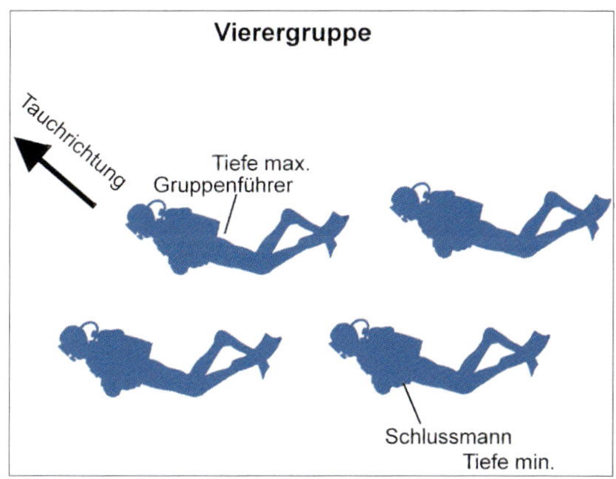

Die **Orientierung** erfolgt möglichst unter Ausnutzung aller natürlichen Orientierungshilfen, aber auch unter Zuhilfenahme technischer Hilfsmittel soweit erforderlich. Behalte die Zeit im Auge und merke dir die Tiefe, in der du den Anker des Bootes wiederfinden kannst. Die Orientierung sollte jedoch wie selbstverständlich nebenbei erfolgen, ohne dass du ständig auf den Kompass schaust. Nur wenn du deine Mittaucher und deine Umgebung im Auge behältst, kannst du dich gleichzeitig orientieren und schöne Unterwassereindrücke präsentieren. Wenn deine Mittaucher durch ungewöhnliches Verhalten, hektische Bewegungen, einen unregelmäßigen Atemrhythmus auffallen oder gar hinter der Gruppe zurückbleiben, können Probleme vorliegen, die zu analysieren und beseitigen sind.

Auftauchen

Zum Ende des Tauchgangs wird langsam unter Einhaltung der maximalen Aufstiegsgeschwindigkeit und unter Einhaltung eventuell erforderlicher Austauchpausen bzw. des Sicherheitsstopps wieder aufgetaucht. Hierzu kontrollierst du die Tauchcomputer deiner Mittaucher, um einen Gesamtüberblick zu haben. Alle Gruppenmitglieder befinden sich auf einer Höhe. Es wird erst höher getaucht, wenn kein Mittaucher mehr einen Stopp einzuhalten hat. Auch wenn keine Austauchpausen erforderlich sind, wird ein Sicherheitsstopp von drei Minuten in etwa fünf Meter Tiefe eingehalten. Das Auftauchen erfolgt unter Einhaltung der Aufstiegsgeschwindigkeit.

Beim Tauchgang vom Boot kann für den Aufstieg die Ankerleine zu Hilfe genommen werden, aber bei durch Wellengang schwankendem Boot nicht festgehalten werden.

Beim Auftauchen im Freiwasser und bei Strömung ist ein Abtreiben zu verhindern. Hilfreich sind optische Bezugspunkte. Schon während des Aufstiegs ist dann entgegen der vorher festgestellten Strömungsrichtung anzuschwimmen, auch während der Austauchpausen. Wenn nicht in unmittelbarer Nähe zum Boot aufgetaucht wird, so wird bereits in ausreichender Tiefe eine Signalboje an die Oberfläche gelassen, um so der Bootsbesatzung die Position zu signalisieren.

Falls beim Aufstieg der Zielpunkt verfehlt wird, so kann bei ausreichend Luft (dies ist vorher zu kontrollieren) in geringer Tiefe zurückgetaucht werden, in der Regel wird jedoch zurück geschnorchelt. Daher ist auch bei jedem Tauchgang ein Schnorchel mitzuführen. Die beste Fortbewegung gelingt in gestreckter Bauchlage und mit möglichst geringer Jacketfüllung. Bei Strömung ist direkt zu entscheiden und zu reagieren, um ein weiteres Abtreiben zu verhindern. Auch beim Schnorcheln an der Oberfläche muss die Gruppe unbedingt zusammenbleiben und im Blick gehalten werden.

Ist die Gruppe an der Oberfläche wieder am Zielpunkt angekommen, wird in festgelegter Reihenfolge das Wasser sicher verlassen, der Gruppenführer als Letzter, um im Wasser befindlichen Mittauchern gegebenenfalls noch zu helfen. Beim Tauchgang von Land werden im hüfttiefen Wasser zunächst wieder die Flossen ausgezogen, bevor es an Land geht. Beim Tauchgang vom Boot erfolgt der Ausstieg über eine Bootsleiter. Diese wird nur einzeln betreten, und die anderen Taucher im Wasser halten einen Sicherheitsabstand zur Leiter ein, damit bei einem Herabfallen niemand verletzt werden kann. Wieder an Bord werden als Erstes die Flossen und dann das Blei und das Tauchgerät abgelegt.

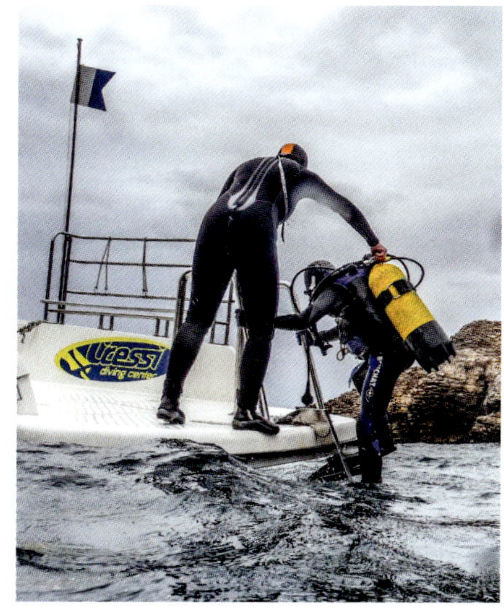

Ausstieg über eine Bootsleiter

4.9 Tauchgangsnachbesprechung

Nach einem Tauchgang ist noch nicht Schluss, denn jeder Tauchgang steckt voller Eindrücke und Erlebnisse, über die sich die Tauchgruppe austauschen möchte, und mit jedem Tauchgang sind auch Erfahrungen verbunden, aus denen Schlussfolgerungen für die nachfolgenden Tauchgänge gezogen werden können. Das geschieht, indem in einer Tauchgangsnachbesprechung (auch Nachbriefing oder Debriefing genannt) der Tauchgang noch einmal betrachtet wird.
Der Gruppenführer moderiert die Tauchgangsnachbesprechung, stellt die Tauchzeit und Tauchtiefe fest und lässt die Mittaucher über ihr Empfinden und ihre Eindrücke erzählen.

- Wie ist der Tauchgang abgelaufen (am besten in chronologischer Reihenfolge)?
- Gab es Abweichungen zwischen dem gemäß Briefing geplanten Tauchgang und dem tatsächlichen Tauchgang (zum Beispiel hinsichtlich Tiefe, Schwierigkeit, Gruppenverhalten), gab es andere besondere Vorfälle?
- Wenn ja, was waren die Ursachen und wie kann man es zukünftig besser machen?
- Welche Verbesserungsmöglichkeiten gab es hinsichtlich Gruppenführung, Orientierung und Sicherheit?
- Hätte man etwas anders machen sollen?

- Wie fühlen sich alle Mittaucher jetzt, und wie haben sie sich beim Tauchen gefühlt?
- Wie haben die Mittaucher den Tauchgang gesehen?
- Welche Schlussfolgerungen können für die folgenden Tauchgänge gezogen werden, was kann man lernen, üben oder besser machen?

Lasse auch als Gruppenführer deine Mittaucher reden, stelle positives Handeln der Gruppenmitglieder heraus. Stelle nicht Fehler einzelner Mittaucher bloß, bringe aber durchaus deutliche und konstruktive Kritik und Verbesserungsvorschläge an, wo es notwendig und insbesondere sicherheitsrelevant ist. Lasse in partnerschaftlicher Weise alle Mittaucher ihre Meinung zu dem Tauchgang sagen und gehe darauf ein.

5. Praxisübungen

Die Tauchgänge sollten als gezielte praktische Übungen die Theorie nachvollziehen und Gelegenheit bieten, diese unter Anleitung anzuwenden. Für alle Tauchgänge und Tauchgruppen wird eine kleine Aufgabe aus der Tauchpraxis gestellt, die zu lösen den organisatorischen Rahmen bildet, um die gelernten Inhalte in die Praxis umzusetzen.
Bei jedem Tauchgang wird eine Sicherungsgruppe eingeteilt, um auch diese Aufgabe ständig zu üben.
Bei dem ersten Tauchgang können mehrere Kursteilnehmer (je nach Gewässerbeschaffenheit) mit dem Ausbilder in einer Gruppe tauchen. Der Ausbilder führt die Gruppe und macht dabei auf die speziellen Verhaltensweisen aufmerksam.
Bei den Tauchgängen zwei bis vier wird die Gruppenführung von jedem Kursteilnehmer für jeden Tauchgang einmal übernommen, damit sie selbst aktiv den Tauchgang planen und durchführen sowie leiten lernen. Die Gruppe soll jedoch außer dem Ausbilder und dem führenden Kursteilnehmer mindestens einen weiteren Taucher enthalten. Daher werden die Tauchgänge zwei bis vier im Rahmen dieses Kurses mehrmals je Kursteilnehmer durchgeführt.
Die Gruppengröße, Tauchtiefe und Tauchzeit werden der Situation entsprechend vom Ausbilder festgelegt.
Vor dem ersten Tauchgang werden Informationen über die vorhandene Rettungskette inklusive Sauerstoff und Funk oder Telefon eingeholt. Ebenso wird vorher die Sicherungsgruppe eingeteilt.
Im Nachbriefing wird unter der Moderation des Ausbilders der abgelaufene Tauch-

gang analysiert. Das besondere Augenmerk liegt dabei auf den erlernten Aspekten der Gruppenführung. Insbesondere sollte dabei jeder Teilnehmer dazu ermuntert werden, ohne Hemmungen seine Sicht der Dinge bei den Tauchgängen zu erläutern. Diese Vorgehensweise dient allen Gruppenmitgliedern als Rückmeldung für Verhalten, Handlungen, Reaktionen und Missverständnisse während der Tauchgänge mit dem Ziel, daraus für die Zukunft zu lernen. Dadurch wird der nur schwer vermittelbare Anteil der Gruppendynamik erfasst, erklärt und geübt.

5.1 Tauchgänge

Erster Tauchgang

Der Ausbilder als Gruppenführer

- führt die Tauchgangsvorbesprechung durch und weist dabei auf die erforderlichen Punkte hin;
- demonstriert die Sicherung der Gruppe beim Sprung ins Wasser bzw. beim Einstieg;
- führt den Check des Wasser-Nase-Reflexes und den Bleicheck durch;
- weist auf Orientierungshilfen hin;
- beobachtet die Gruppe im Wasser;
- zeigt Verhaltensweisen, mit denen eine Gruppe geführt werden kann;
- trifft Entscheidungen, teilt diese mit und setzt diese schnell um;
- setzt am Ende des Tauchgangs unter Absicherung die Signalboje
- führt die Tauchgangsnachbesprechung mit Analyse des Tauchgangs durch und weist dabei auf die erforderlichen Punkte hin

Ziel:

Die Kursteilnehmer sollen durch den Ausbilder erfahren, wie ein Tauchgang geplant und durchgeführt wird, wie eine Tauchgangsvor- und nachbesprechung durchgeführt wird und ihr Verstehen in der Tauchgangsnachbesprechung zum Ausdruck bringen.

Zweiter Tauchgang

Die Kursteilnehmer übernehmen die Planung und Durchführung des Tauchgangs möglichst am gleichen Tauchort und unter Beachtung der gleichen Kriterien wie beim ersten Tauchgang. Jeder Kursteilnehmer führt diesen zweiten Tauchgang als Gruppenführer durch.

Der Gruppenführer

- führt die Tauchgangsvorbesprechung durch
- sichert die Gruppe beim Sprung ins Wasser bzw. beim Einstieg;

- kontrolliert ggf. den Sitz des Ankers;
- orientiert sich mit allen zur Verfügung stehenden Hilfsmitteln und führt die Gruppe zum Ausgangspunkt zurück;
- beobachtet die Gruppe im Wasser;
- erfasst alle Vorgänge innerhalb der Gruppe beim Tauchen;
- trifft Entscheidungen, teilt diese mit und setzt diese schnell um;
- bereitet als letzte Gruppe ggf. den Anker zum Hochholen vor;
- setzt und sichert die Signalboje;
- sichert die Gruppe beim Ausstieg;
- führt die Tauchgangsnachbesprechung mit Analyse des Tauchgangs durch.

Ziel:
Die Kursteilnehmer sollen Verhaltensweisen kennen lernen, mit denen eine Gruppe geführt werden kann und lernen, wie die Verantwortung für eine Gruppe getragen werden kann sowie auch kleinen Vorkommnissen die nötige Aufmerksamkeit zu schenken.

Dritter Tauchgang

Jeder Kursteilnehmer führt als Gruppenführer einmal die Tauchgruppe unter den gleichen Kriterien wie beim zweiten Tauchgang. Der Ausbilder als Gruppenteilnehmer simuliert dabei Zwischenfälle wie z.B. Druckausgleichsschwierigkeiten, Wadenkrampf, verlorene Flosse.

Ziel:
Die Kursteilnehmer sollen die bereits erlernten Verhaltensweisen zur Gruppenführung festigen und erlernen, auch bei kleineren Zwischenfällen richtig darauf zu reagieren, ohne die Gruppe aus den Augen zu verlieren. Auch die anderen Gruppenteilnehmer sollen hier - soweit nicht hinderlich - helfen und so zur Gruppendynamik beitragen.

Vierter Tauchgang

Jeder Kursteilnehmer führt als Gruppenführer einmal die Tauchgruppe unter den gleichen Kriterien wie beim zweiten Tauchgang. Der Ausbilder stellt dabei einen unerfahrenen und der Gruppe zunächst unbekannten Mittaucher (nicht Anfänger, aber nur etwa acht Tauchgänge) dar, der zusätzliche Aufmerksamkeit erfordert.

Der Gruppenführer

- checkt zusätzlich die Qualifikation, Tauchtauglichkeit und bisherige Tauchgangszahl des neuen Mittauchers;
- kontrolliert schon vor dem Anziehen die Art und Vollständigkeit der Ausrüstung des neuen Mittauchers;
- gibt in der Tauchgangsvorbesprechung Tipps für den neuen Mittaucher;

- kontrolliert vor dem Tauchgang den Wasser-Nase-Reflex und die richtige Bleimenge;
- taucht mit dem neuen Mittaucher, ggf. mit Handkontakt, ab;
- hält besonderen Blickkontakt zu dem neuen Mittaucher, ohne die anderen Gruppenmitglieder und die Orientierung sowie das Tauchgangserlebnis zu vernachlässigen.

Ziel:
Die Kursteilnehmer sollen zeigen, dass sie auch als Gruppenführer mit weniger erfahrenen Tauchern in der Lage sind, einen Tauchgang sicher vorzubereiten und durchzuführen.

6. Ziel erreicht?

Das Ziel des Aufbaukurses Gruppenführung war, dass du mit den Grundelementen der Gruppenführung und deren Zusammenwirken vertraut gemacht wirst sowie Tauchgänge sicher planen, vorbereiten, vorbesprechen, durchführen und nachbesprechen kannst.
Mit diesem Kurs solltest du die Grundlagen der Gruppenführung erlernt haben, aber nur durch regelmäßiges Üben und Festigen des Erlernten wirst du die gewünschte Sicherheit in der Gruppenführung erlangen. Die eigentliche Erfahrung kommt erst mit der Anzahl der Tauchgänge und den immer wieder unterschiedlichen Gegebenheiten bei den Tauchgängen.
Ob du das Ausbildungsziel dieses Kurses erreicht hast, stellt dein Kursleiter zusammen mit deinen Ausbildern fest. Dies geschieht im theoretischen Teil in Form von Lehrgesprächen und im praktischen Teil durch zielorientierte Beobachtung. Durch das Rotationsprinzip von Gruppenführung, Teilnehmern und Ausbildern soll eine objektive Beurteilung und eine vielseitige Ausbildung gewährleistet werden.
Für die Lernerfolgskontrolle der theoretischen Inhalte kann eine mündliche oder schriftliche Abfrage erfolgen. Hierzu können die in diesem Buch zusammengestellten Fragen verwendet werden. Dein Kursleiter kann dir dazu entweder im Theorieunterricht einfache mündliche Fragen stellen oder einen kurzen schriftlichen Fragebogen zusammenstellen, um zu erkennen, ob du die vermittelten Themen verstanden hast. Du kannst die hier zusammengestellten Fragen auch zum Selbstcheck nutzen, indem du sie für dich beantwortest und mit der möglichen Lösung vergleichst.

6.1 Selbstcheck

Bei vorgegebenen Antworten können auch mehrere Antworten richtig sein.

1. **Warum ist gute Orientierung ein wesentlicher Sicherheitsfaktor für die Gruppenführung?**
   - a zur Vermeidung eines Auftauchens im freien Wasser
   - b um möglichst viele Fische zu sehen
   - c zur Verkürzung der Tauchzeit
   - d zur Vermeidung eines Abtreibens bei Strömung
   - e zur Vermeidung von Schnorchelstrecken

2. **Was versteht man unter Kommunikation?**
   - a nur Sprechen
   - b jedes Verhalten, mit dem wir das Verhalten eines anderen Menschen beeinflussen
   - c nur Gestik
   - d nur Telefonieren
   - e nur Austausch von elektronischen Nachrichten

3. **Wer ist bei der Kommunikation dafür verantwortlich, dass die Nachricht richtig verstanden wird?**
   - a der Absender
   - b der Nachrichtendienst
   - c der Überbringer
   - d der Empfänger
   - e niemand

4. **Was ist aktives Zuhören?**
   - a den Gesprächspartner reden lassen, aber in Gedanken woanders sein
   - b den Gesprächspartner reden lassen und dann ein anderes Thema ansprechen
   - c dem Gesprächspartner zeigen, dass du auch wirklich zuhörst
   - d auf die Aussagen des Gesprächspartners reagieren
   - e dem Gesprächspartner zeigen, dass du seine Worte aufgenommen hast

5. **Welche Möglichkeiten dienen unter Wasser der Kommunikation?**

   ___________kontakt,
   ___________kontakt,
   Unterwasser-___________,
   Unterwasser-___________.

6. Was ist Führung?

Führung ist das ________ von Menschen mit der Absicht, ein bestimmtes _______ zu erreichen.

7. Warum wird Führung beim Tauchen vor allem benötigt?

a um zu einem bestimmten Ort zu gelangen und den Ausgangspunkt wiederzufinden
b um Fehler zu vermeiden
c um Sicherheit zu gewährleisten
d um einen schönen Tauchgang zu bereiten
e um gegebenenfalls Tauchtechniken zu üben

8. Welche Führungsstile werden unterschieden?

a autoritär
b automatisch
c kooperativ
d lässig
e laissez-faire

9. Wie reagierst du auf deine Gruppenmitglieder?

a Die Mittaucher sollen mir zuhören und nichts sagen.
b Ungehorsam wird disziplinarisch behandelt.
c Ich gehe in jeder Situation auf meine Mittaucher ein und höre ihnen aktiv zu.
d Ich bespreche mit meiner Gruppe Verbesserungspunkte.
e Ich erteile den Mittauchern Anregungen für die Zukunft.

10. Was machst du, wenn dein Mittaucher beim Abtauchen nicht herunter kommt, obwohl dies beim Tariercheck direkt vorher noch funktioniert hat?

Kontrollieren, ob das Jacket ______ ist und Mittaucher an die _____ nehmen, _____ vermitteln, _________ nehmen, auf ___atmung achten, gute Grundsicht, Mittaucher etwas herunterziehen, ggf. anfangs Arbeitsblei

11. Was machst du, wenn dein Mittaucher beim Abtauchen Druckausgleichsschwierigkeiten hat?

a Tauchtiefe nicht verändern
b höher tauchen
c tiefer tauchen

d Mittaucher soll möglichst vertikale Position einnehmen und Kopf überstrecken
e bei Nichtgelingen Abbruch des Tauchgangs

12. Was machst du, wenn bei einem Mittaucher der Atemregler abbläst?
a Abdrehen des Ventils des betroffenen Hauptatemreglers (Ventilmanagement)
b Abdrehen beider Ventile des Betroffenen (Ventilmanagement)
c Fortsetzen des Tauchgangs
d Wechsel des betroffenen Mittauchers auf den Zweitatemregler
e Dem Mittaucher das Zeichen zum kräftigen Ausatmen geben.

13. Was machst du, wenn die Gruppe einen Mittaucher verliert?
a Tauchgang planmäßig fortsetzen und beenden.
b Notaufstieg ohne Stopps mit dem Rest der Gruppe einleiten.
c Suchaktion unter Wasser einleiten.
d Wenn der Mittaucher erfahren ist, kann er alleine weiter tauchen.
e Alle Taucher tauchen kontrolliert unter Einhaltung der Austauchregeln an die Wasseroberfläche auf und treffen sich dort wieder.

14. Was machst du, wenn ein Mittaucher einen zu geringen Luftvorrat unterhalb des Reservedrucks anzeigt?
Luftmanagement durch Abgabe des ________________ des Mittauchers mit dem __________ Restdruck, dieser geht auf den ______________ über, anschließend geeignete Positionierung.

15. Wie sorgst du als Gruppenführer für die Sicherheit deiner Tauchgruppe?
a eindeutige Absprachen
b Überblick über die Gruppe haben
c Wahrnehmung, wie sich Mittaucher verhalten oder fühlen
d Erkennen kritischer Situationen
e Mut zur Durchführung auch bei nicht guten Bedingungen

16. Was gehört zu den Aufgaben der Sicherungsgruppe?
a Kontrolle der Betriebsbereitschaft des Tauchbootes
b Betreuung und Abfrage des OK-Zeichens der Tauchgruppen beim Sprung ins Wasser
c Beobachtung des Tauchgebietes nach interessanten Lebewesen und Objekten
d Beobachtung des Tauchgebietes nach auftauchenden Gruppen
e Führen der Tauchgangsliste

17. Wozu dient die Tauchgangsliste?

a Feststellen der Mittaucher und Gruppeneinteilung vor dem Tauchgang
b Kontrolle der Anwesenheit und Vollständigkeit der Gruppen an Bord
c Kontrolle der Vollständigkeit nach den Tauchgängen
d Tauchgangsdokumentation durch Vermerk und Aufbewahrung wichtiger Tauchgangsdaten
e Zur Abrechnung und Bezahlung der Tauchgänge

18. Was vermerkst du auf der Tauchgangsliste?

__________einteilung,
Kontrolle der ___________ und ___________ der Gruppen an Bord,
Vermerk der ___________zeit,
der __________zeit,
der __________zeit
und der __________, sowie der erfolgten Dekompression und besonderer Vorkommnisse,
Vermerk zwischendurch auftauchender Gruppen,
Kontrolle der ________________ nach den Tauchgängen.

19. Welche Sicherheitsvorkehrungen triffst du, damit im Notfall eine funktionierende Rettungskette gegeben ist?

- Erkundigungen zum ___________ und Informationsweitergabe
- Anmeldung des Tauchgangs
- Fähigkeit zur Auslösung der ____________
- Nächstes _______ oder _________, Fähigkeit zu Bedienung
- Notfallnummern __________, ___________, _____, Leitstelle
- Notfallmeldung
- Notfallkoffer mit ___________ verfügbar und einsatzbereit
- Möglichkeit des ________ an Bord oder ans Ufer vorher klären
- Transportmittel gegebenenfalls bereithalten
- Führen der _______________

20. Ordne die Sprungsicherung des Gruppenführers in der richtigen Reihenfolge:

a Parken der Mittaucher
b Empfang und ggf, Fixierung
c Atemregler im Mund, Jacket leer und abtauchbereit
d Mittaucher springt
e Gruppenführer springt

→

f OK-Zeichen wenn bereit
g Positionierung in Griffweite neben der Einstiegsstelle

21. Worauf achtest du als Gruppenführer beim Auftauchen deiner Gruppe?
Während des gesamten Aufstiegs auf Einhaltung der empfohlenen ____________________. Bei den Mittauchern werden die auf den Computern angezeigten __________________ abgefragt und anschließend eingehalten. Wenn nicht am Boot oder Ufer aufgetaucht wird, wird eine ______________ gesetzt. Auf etwa fünf Meter Tiefe oder auf der Tiefe der letzten Austauchpause wird ein __________________ von _______ Minuten eingehalten. Anschließend wird gemeinsam zur Oberfläche aufgetaucht, wenn du dich bei allen Gruppenmitgliedern vergewissert hast, dass alle erforderlichen Stopps beendet wurden.

22. Was sind wesentliche Rahmenbedingungen für einen Tauchgang?
a Sichtverhältnisse
b Wassertemperatur
c Helligkeit
d Strömung
e Wetter und Seegang

23. Zur Tauchgangsvorbereitung gehören
a Einholung der Taucherlaubnis
b Notfallorganisation
c Tauchgruppenzusammenstellung
d Kontrolle der Reisepässe
e Durchführung der Tauchsporttauglichkeitsuntersuchung

24. Welche allgemeinen Informationen sollten alle Mittaucher vor dem Tauchen erhalten?
a Wetteraussichten der nächsten Tage
b Standort des Kühlschranks an Bord
c Orientierungsmerkmale über und unter Wasser, Tauchgebiet und Tauchkurse
d Gefahrenpunkte und Sehenswürdigkeiten unter Wasser
e Strömungsstärke, Strömungsrichtung, Gezeitenstillstand

25. Mit wem darf ein DTSA*-Taucher tauchen?
a mit jedem anderen Taucher
b nur mit einem Tauchlehrer

c nur mit einem DTSA***-Taucher oder Tauchlehrer
d mit einem erfahrenen DTSA**-Taucher bis maximal 20 m
e mit einem DTSA***-Taucher

26. Mit wem darf ein DTSA-Taucher tauchen?**

a mit einem DTSA***-Taucher
b mit einem DTSA**-Taucher
c mit einem DTSA*-Taucher bis maximal 30 m
d nur mit einem Tauchlehrer
e mit jedem anderen Taucher

27. Welche Kriterien sind bei der Gruppeneinteilung zu beachten?

a Wie bekannt sind mir die einzelnen Mittaucher?
b Wer kann wen nicht leiden?
c Wie erfahren sind die einzelnen Mittaucher?
d Wie hoch ist der Luftverbrauch der einzelnen Mittaucher?
e Welche Tauchanzüge passen optisch am besten zueinander?

28. Woraus kannst du als Gruppenführer Rückschlüsse auf die Erfahrung deiner Mittaucher ziehen?

a aus den Erzählungen des jeweiligen Tauchers über seine Taucherlebnisse
b aus den Unterlagen wie Taucherpass, Logbuch, Brevet, Spezialkurse
c Beobachtung beim Anziehen
d aus Gesprächen mit anderen Tauchpartnern oder Tauchausbildern
e aus der bisher größten erreichten Tiefe des jeweiligen Tauchers

29. Wie kannst du eine Tauchgangsvorbesprechung sinnvoll untergliedern?

a in der Struktur Mensch, Tauchgewässer, Tauchgangsdurchführung, Ausrüstungscheck
b Besprechung früherer Tauchgänge und möglicher Fische beim anstehenden Tauchgang
c Diskussion der Präferenzen der Mittaucher zu den jeweiligen Tauchkursen, zur vorgesehenen Tauchtiefe und Tauchzeit
d bei erfahrenen Tauchern reicht der Ausrüstungscheck
e in der Struktur Tauchtiefe, Tauchzeit, Formation, Dekompressionspausen

30. Was sprichst du bei einer Tauchgangsvorbesprechung zum Menschen an?

a bisherige besonders schöne Taucherlebnisse der einzelnen Mittaucher
b Taucherfahrung und Ausbildungsstand der Mittaucher

c Restsauerstoffsättigung bei einem Wiederholungstauchgang
d eventuelle Besonderheiten oder Probleme bei den letzten Tauchgängen
e aktuelles Befinden und Gesundheitszustand der Mittaucher

31. Was sprichst du bei einer Tauchgangsvorbesprechung zum Tauchgewässer an?

a Unterwasserlandschaft, geplante Tauchtiefe und Tauchgangsprofil
b zu erwartende Strömungsrichtung und Strömungsstärke
c zu erwartende Sichtverhältnisse und Temperatur je nach Tiefe
d Orientierungsmerkmale, markante Punkte
e Gebühr für die Benutzung des Gewässers

32. Was sprichst du bei der Tauchgangsvorbesprechung zur Tauchgangsdurchführung an?

a Unterwasserzeichen
b Tauchausrüstung der Mittaucher
c Gewässerprofil
d Gruppeneinteilung und Positionierung der Mittaucher
e Diskussion über den geplanten Kompasskurs

33. Was überprüfst du beim Ausrüstungscheck unmittelbar vor dem Tauchgang?

a gültiger TÜV des DTG
b Ladezustand der Lampenakkus
c Rechenmodell des Tauchcomputers
d Bedienung des Jackets
e Öffnung der Ventile, Fülldruck, Funktion beider Atemregler

34. Nenne die wichtigsten sicherheitsrelevanten Tätigkeiten unmittelbar vor dem Tauchgang!

Vor dem Tauchgang wird eine ______________________ durchgeführt mit Ansprache der wichtigsten Aspekte für den Tauchgang. Dazu gehört auch nach dem vollständigen Anziehen der ____________________, hierbei wird auch der _____________ des DTG und die einwandfreie Funktion der _____________ geprüft. Anschließend beim verantwortlichen Tauchleiter ________________. Vor dem Sprung ins Wasser prüfen, ob die Stelle _______ ist. Nach dem Sprung ins Wasser das Zeichen _______ zurück an Bord geben.

35. Während eines Tauchgangs tritt bei einem Taucher ein Notfall ein. Er steigt zur Oberfläche auf. Seine Tauchpartner tauchen weiter ohne den Zwischenfall bemerkt zu haben. Welche Regeln wurden nicht beachtet?

a Immer mit Handkontakt tauchen.
b Bei Partnerverlust sofort Notaufstieg einleiten.
c Der Gruppenführer hat die Übersicht über die Gruppe und Kommunikation innerhalb der Gruppe während des Tauchgangs vernachlässigt.
d Der Gruppenführer schießt ein Notsignal zur Wasseroberfläche ab.
e UW-Klopfzeichen wurden im Briefing nicht besprochen.

36. Beim Schnorcheln mit dem Drucklufttauchgerät ...

a wird das Jacket prall aufgeblasen.
b wird die gesamte Luft aus dem Jacket abgelassen.
c wird das Jacket nur so weit wie nötig aufgeblasen.
d wird kein Jacket getragen.
e wird das Jacket nur bei Seegang getragen.

37. Bei der Durchführung des Ausrüstungschecks unmittelbar vor Beginn des Tauchgangs ...

a sind die Taucher daran zu erinnern, stets getrennt zu tauchen.
b ist sicherzustellen, dass alle Flaschenventile exakt eine Viertelumdrehung geöffnet sind.
c wird der Fülldruck während der Atemprobe notiert.
d wird Jacket, Sitz des Bleigurts, Funktion des Inflators und Öffnung der Flasche geprüft
e ist das Jacket grundsätzlich vollständig aufzublasen.

38. Was solltest du in einer Tauchgangsnachbesprechung behandeln?

a Feststellen von Tauchzeit und Tauchtiefe, chronologischer Ablauf des Tauchgangs
b Abweichungen zwischen geplantem und durchgeführtem Tauchgang und Ursachen dafür
c Fehleranalyse ohne Bloßstellen einzelner Mittaucher
d Verbesserungsmöglichkeiten
e Befinden der Mittaucher

6.2 Lösungen

1 a, d, e

2 b

3 a

4 c, d, e

5 *Hand*kontakt, *Blick*kontakt, Unterwasser-*Zeichen*, Unterwasser-*Schreibtafel*

6 Führung ist das Leiten von Menschen mit der Absicht, ein bestimmtes Ziel zu erreichen.

7 a, b, c, d, e

8 a, c, e

9 c, d, e

10 Kontrollieren, ob das Jacket *leer* ist und Mittaucher an die *Hand* nehmen, *Ruhe* vermitteln, *Ängste* nehmen, auf *Aus*atmung achten, gute Grundsicht, Mittaucher etwas herunterziehen, ggf. anfangs Arbeitsblei

11 b, d, e

12 a, d

13 e

14 Luftmanagement durch Abgabe des *Hauptatemreglers* des Mittauchers mit dem *höchsten* Restdruck, dieser geht auf den *Zweitatemregler* über, anschließend geeignete Positionierung.

15 a, b, c, d

16 b, d, e

17 a, b, c, d

18 *Gruppen*einteilung, Kontrolle der *Anwesenheit* und *Vollständigkeit* der Gruppen an Bord, Vermerk der *Einstieg*szeit, der *Ausstieg*szeit, der *Tauch*zeit und der *Tauchtiefe*, sowie der erfolgten Dekompression und besonderer Vorkommnisse, Vermerk zwischendurch auftauchender Gruppen, Kontrolle der *Vollständigkeit* nach den Tauchgängen.

19 Für eine funktionierende Rettungskette:
- Erkundigungen zum Gewässer und Informationsweitergabe
- Anmeldung des Tauchgangs
- Fähigkeit zur Auslösung der Rettungskette
- Nächstes Telefon oder Funkgerät, Fähigkeit zu Bedienung
- Notfallnummern Hotline, Druckkammern, Ärzte, Leitstelle
- Notfallmeldung
- Notfallkoffer mit Sauerstoff verfügbar und einsatzbereit
- Möglichkeit des Rettens an Bord oder ans Ufer vorher klären
- Transportmittel gegebenenfalls bereithalten
- Führen der Tauchgangsliste

20 e, c, g, f, d, b, a

21 Während des gesamten Aufstiegs auf Einhaltung der empfohlenen *Aufstiegsgeschwindigkeit*. Bei den Mittauchern werden die auf den Computern angezeigten *Austauchpausen (oder Dekopausen)* abgefragt und anschließend eingehalten. Wenn nicht am Boot oder Ufer aufgetaucht wird, wird eine *Signalboje* gesetzt. Auf etwa fünf Meter Tiefe oder auf der Tiefe der letzten Austauchpause wird ein *Sicherheitsstopp* von *drei* Minuten eingehalten. Anschließend wird gemeinsam zur Oberfläche aufgetaucht, wenn du dich bei allen Gruppenmitgliedern vergewissert hast, dass alle erforderlichen Stopps beendet wurden.

22 a, b, c, d, e

23 a, b, c

24 c, d, e

25 d, e

26 a, b

27 a, c, d

28 b, c, d

29 a

30 b, d, e

31 a, b, c, d

32 a, d

33 d, e

34 Vor dem Tauchgang wird eine *Tauchgangsvorbesprechung* durchgeführt mit Ansprache der wichtigsten Aspekte für den Tauchgang. Dazu gehört auch nach dem vollständigen Anziehen der *Ausrüstungscheck*, hierbei wird auch der *Fülldruck* des DTG und die einwandfreie Funktion der *Atemregler* geprüft. Anschließend beim verantwortlichen Tauchleiter *abmelden*. Vor dem Sprung ins Wasser prüfen, ob die Stelle frei ist. Nach dem Sprung ins Wasser das Zeichen *OK* zurück an Bord geben.

35 c

36 c

37 d

38 a, b, c, d, e

6.3 Abschluss und Beurkundung

Nachweis über die erfolgreiche Teilnahme an dem Aufbaukurs ist der offizielle VDST Aufbaukurs-Einkleber für den Tauchpass und die VDST-CMAS AK-Karte.

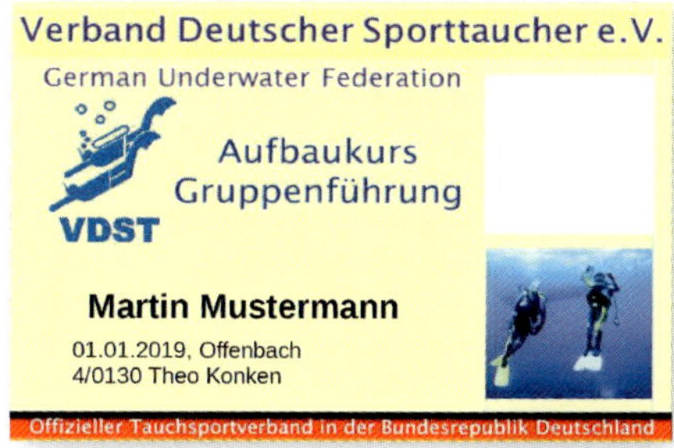

Einkleber Aufbaukurs Gruppenführung

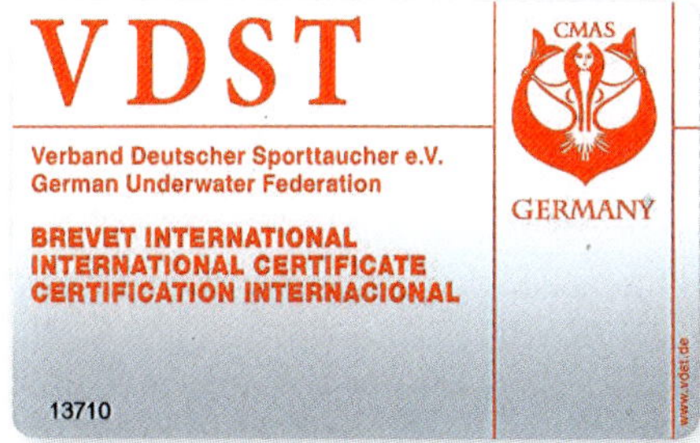

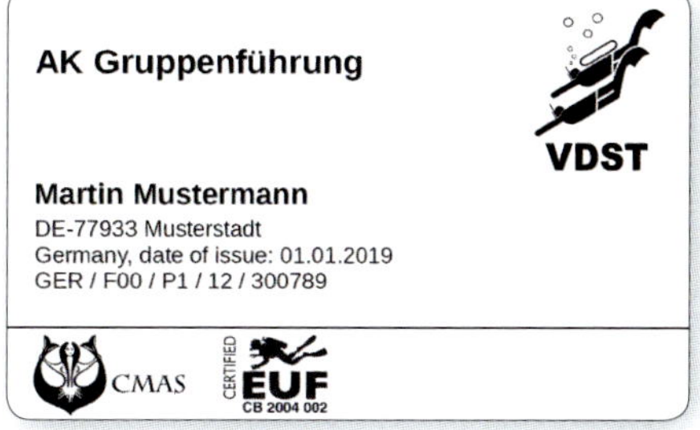

Karte Aufbaukurs Gruppenführung

Auszug aus der VDST-Spezialkurs-Ordnung

Stand: 01.04.2019

1. AK Orientierung beim Tauchen

1.1 Kursziel

Der Bewerber soll in die Lage versetzt werden, während des Tauchganges seinen Tauchkurs und Standort zu bestimmen und sicher zum Ausgangspunkt des Tauchganges zurückfinden. Nach Abschluss des Kurses soll er

- natürliche Hilfsmittel zur Orientierung kennen und anwenden können
- technische Hilfsmittel zur Orientierung kennen und anwenden können
- Tauchgänge mittels dieser Hilfsmittel sicher beherrschen können

1.2 Voraussetzungen

Mindestalter: 14 Jahre; bei Minderjährigen ist die Einverständniserklärung der sorgeberechtigten Eltern (in der Regel beider Elternteile) erforderlich. Empfehlung: Bei Minderjährigen sollte eine Dokumentation des Aufklärungsgespräches erfolgen

Ausbildungsstufe: DTSA*; ersatzweise genügt eine vergleichbare Qualifikation entsprechend der VDST-Äquivalenzliste

Anzahl der Pflichttauchgänge: 10

Sonstiges: Gültige Tauchtauglichkeitsbescheinigung

1.3 Ausbilderqualifikation

Ausbilder: VDST Tauchlehrer*/**/***/****

1.4 Theoretischer Teil

Lerneinheiten: 3

Lehrinhalte:

- Natürliche Orientierungshilfen (z. B. Tiefenlinien, Bewuchs, Bodenbeschaffenheit, Lichteinfall)
- Technische Orientierungshilfen, insbesondere Kompass (Prinzip, Bauform, Handhabung)
- Beurteilung aller Orientierungshilfen nach Wert, Wichtigkeit und Einsatz
- Verhalten und Maßnahmen bei Verlust der Orientierung

- Orientierung als Aufgabe der Tauchgruppe
- Orientierung bei Nachttauchgängen

1.5 Praktischer Teil

Anzahl der Tauchgänge: 4

Die Tauchgänge können von Land oder vom Boot aus durchgeführt werden. Sie sollen nur kurze Zeit (etwa 15 Minuten) dauern, um den Lerneffekt durch Häufigkeit zu erhöhen. Die ersten Tauchgänge sollen ohne technische Orientierungshilfen durchgeführt werden und zum Einprägen der natürlichen Gegebenheiten dienen. Die nachfolgenden Tauchgänge sollen Übungen zur technischen Orientierung enthalten. Es soll folgendes geübt werden:

- Einhalten eines vorgegebenen Kurses
- Wieder finden der Einstiegsstelle
- Orientierung mit Kompass ohne Sichtkontakt zum Gewässerboden
- Orientierung durch die gesamte Tauchgruppe mit Kursverantwortung für jeden Teilnehmer

1.6 Erfolgskontrolle

Der Ausbilder stellt fest, ob der Bewerber das jeweilige Kursziel erreicht hat. Dies geschieht im theoretischen Teil in Form von Lehrgesprächen und im praktischen Teil durch zielorientierte Beobachtung

1.7 Beurkundung

Nachweis über die Teilnahme an dem AK ist der offizielle VDST Aufbaukurs-Einkleber für den Tauchpass und die VDST-CMAS AK-Karte.

2. AK Gruppenführung

2.1 Kursziel

Der Bewerber soll in Theorie und Praxis mit den Grundelementen der Gruppenführung und deren Zusammenwirken vertraut gemacht werden. Nach Abschluss des Kurses soll er

- die Grundelemente der Gruppenführung kenne,
- Erfahrungen über deren Zusammenwirken innerhalb der Tauchgruppe besitzen
- Gruppenmitglieder einschätzen können
- auf die Gruppenmitglieder eingehen können
- die Kommunikation innerhalb von Tauchgruppen sicherstellen können
- Tauchgruppen über und unter Wasser absichern können
- die Aufgaben der Sicherungsgruppe kennen

2.2 Voraussetzungen

Mindestalter: 14 Jahre; bei Minderjährigen ist die Einverständniserklärung der sorgeberechtigten Eltern (in der Regel beider Elternteile) erforderlich. Empfehlung: Bei Minderjährigen sollte eine Dokumentation des Aufklärungsgespräches erfolgen.
Ausbildungsstufe: DTSA*; ersatzweise genügt eine vergleichbare Qualifikation entsprechend der VDST-Äquivalenzliste
Anzahl der Pflichttauchgänge: 15
Sonstiges: Gültige Tauchtauglichkeitsbescheinigung

2.3 Ausbilderqualifikation

VDST Tauchlehrer*/**/***/****

2.4 Theoretischer Teil

Lerneinheiten: 4
Durch separate Betrachtung der einzelnen Grundelemente der Gruppenführung sollen die wichtigsten Zusammenhänge dieses komplexen Gebietes deutlich gemacht werden. Ebenso soll das Zusammen¬wirken dieser Elemente innerhalb von Gruppen dargestellt werden. Die Teilnehmer sollen in die Lage versetzt werden, bei der Durchführung von Tauchgängen als Gruppenführer Sicherheit und Ruhe ausstrahlen zu können, sicher aufzutreten und agieren und Tauchgänge im Ergebnis sicher gestalten zu können. Außerdem sollen Rolle und Aufgaben einer Sicherungsgruppe (an Land oder an Bord) behandelt werden.
Lehrinhalte:

- Techniken zur Führung über und unter Wasser
- Elemente der Gruppenführung
- Kommunikation in der Gruppe
- Eingehen auf die Gruppenteilnehmer
- Briefing und Nachbriefing
- Beobachten, Entscheiden und Reagieren bei Vorkommnissen
- Orientierung als Sicherheitselement
- Rolle der Orientierung bei der Gruppenführung
- Aufgaben der Sicherungsgruppe an Land oder an Bord
- Führen von Tauchgangslisten

2.5 Praktischer Teil

Anzahl der Praxismodule: 4
Die Tauchgänge sollen als gezielte praktische Übungen die Theorie untermauern und dem Bewerber Gelegenheit bieten, diese unter Anleitung anzuwenden. Die

Tauchgänge sollen in 3-er- bis maximal 5-er-Gruppen (je nach Sichtweite unter Wasser) durchgeführt werden.
Bei jedem Tauchgang wird eine Sicherungsgruppe eingeteilt, um auch diese Aufgabe ständig zu üben. Es sollen folgenden Aspekte der Gruppenführung geübt werden:

- Organisation der Tauchgruppe
- Durchführung der Briefings
- Lernen, wie die Verantwortung für eine Gruppe getragen werden kann
- Kennenlernen von Verhaltensweisen, mit denen Gruppen geführt werden können
- Beobachten der Gruppe im Wasser
- Erfassen von Vorgängen beim Tauchen innerhalb der Gruppe
- Lernen, auch kleinen Vorkommnissen die nötige Aufmerksamkeit zu schenken
- Treffen, Mitteilen und schnelles Umsetzen von Entscheidungen in Richtung Sicherheit
- Setzen und Absichern einer Signalboje
- Ansprechen von Vorgängen während des Tauchganges beim Nachbriefing

Nachbriefing:
Im Nachbriefing wird der abgelaufene Tauchgang analysiert. Das besondere Augenmerk liegt dabei auf den Punkten, die in der Theorie besprochen wurden und die durch die Praxis vertieft werden sollen. Besonders wichtig ist der Aspekt, dass jeder Teilnehmer dazu ermuntert werden soll, ohne Hemmungen seine Sicht der Dinge zu erläutern. Diese Vorgehensweise dient allen Gruppenmitgliedern als Rückmeldung für Verhalten, Handlungen, Reaktionen während der Tauchgänge mit dem Ziel, daraus zu lernen.

2.6 Erfolgskontrolle

Der Ausbilder stellt fest, ob der Bewerber das jeweilige Kursziel erreicht hat. Dies geschieht im theoretischen Teil in Form von Lehrgesprächen und im praktischen Teil durch Analyse der Tauchgänge im Hinblick auf die Umsetzung der Lerninhalte.

2.7 Beurkundung

Nachweis über die Teilnahme an dem AK ist der offizielle VDST Aufbaukurs-Einkleber für den Tauchpass und die VDST-CMAS AK-Karte.

Literaturverzeichnis

Bredebusch, P.: Gruppenführung – Spezialkurs zur Tauchausbildung, 2. Auflage, Delius Klasing Verlag / Edition Naglschmid, Stuttgart 2010

Kromp, T, H.J. Roggenbach, P. Bredebusch: Praxis des Tauchens, 17. Auflage, Delius Klasing Verlag / Edition Naglschmid, Stuttgart 2019

Verband Deutscher Sporttaucher e. V., Deutsches Tauchsportabzeichen Basic – Deutsches Tauchsportabzeichen* (CMAS*), 2. Auflage, Delius Klasing Verlag / Edition Naglschmid, Stuttgart 2019

Verband Deutscher Sporttaucher e. V., Theorie und Praxis der VDST-Spezialkurse, 4. Auflage, http://www.vdst.de/mediathek/downloads/tauchausbilder-material.html, Offenbach 2015

Verband Deutscher Sporttaucher e. V., VDST-Spezialkurs-Ordnung, http://www.vdst.de/mediathek/downloads/ausbildung.html, Offenbach 2018

Register

V

W

Z

Bibliografische Information der Deutschen Nationalbibliothek
Die Deutsche Nationalbibliothek verzeichnet diese Publikation in der Deutschen Nationalbibliografie; detaillierte bibliografische Daten sind im Internet über http://dnb.dnb.de abrufbar.

1. Auflage
ISBN 978-3-667-11831-8

Herausgegeben in der EDITION NAGLSCHMID

Autor: Peter Bredebusch für den Verband Deutscher Sporttaucher e. V.
Lektorat: Dr. Friedrich Naglschmid
Abbildungsnachweis: Berbig, Volker 18; Bredebusch, Alina 28, 54; Bredebusch, Peter 18, 29, 32–36, 38, 43–45, 64, 65, 69, 70, 93; Bredebusch Ulrike 40, 41; Jöbstl, Freddy 14, 15, 22; Jung, Oliver 16, 17, 19–21, 23–27, 29, 50, 101, 115; Konken, Theo 79–81; Ringelmann, Tanja 29, 39, 102, 106; Schmitz, Karl-Heinz 111; alle anderen Abb. von VDST und VDST-Foliensatz
Titel: Theo Konken
Umschlaggestaltung: Felix Kempf, www.fx68.de
Layout: Gabriele Engel
Gesamtherstellung: Print Consult, München
Printed in Lithuania 2020

Delius Klasing Verlag, Siekerwall 21, D - 33602 Bielefeld
Tel.: 0521/559-0, Fax: 0521/559-115
E-Mail: info@delius-klasing.de
www.delius-klasing.de

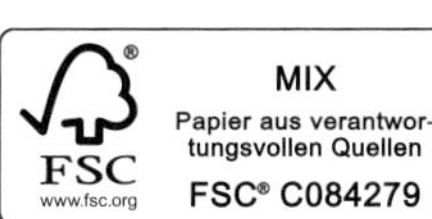

TAUCHAUSBILDUNG

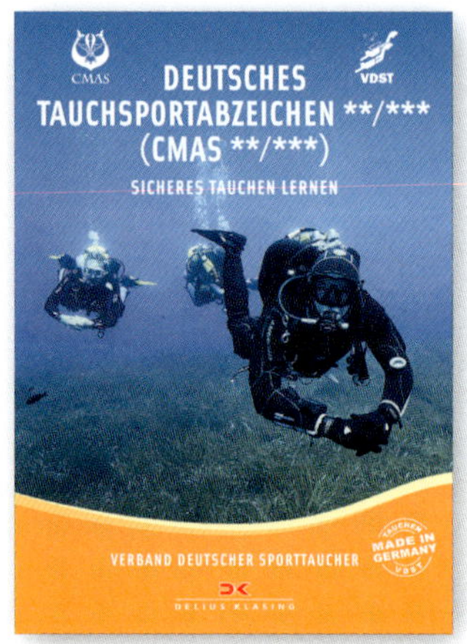

Dieses Lehrbuch hilft Tauchsportlern, die ihren Grundtauchschein bereits erfolgreich erworben haben, bei der Vorbereitung auf die höheren Prüfungen. Es enthält alle Informationen und Wissensgebiete, die Sporttaucher beherrschen müssen, um mit Partnern selbst Tauchgänge durchzuführen oder sich um die Sicherheit anderer Taucher zu kümmern.

Deutsches Tauchsportabzeichen **/* (CMAS **/***)**
Sicheres Tauchen lernen
ISBN 978-3-667-11706-9

Das Standardwerk zur Tauchausbildung: Mit durchgängig vierfarbigen Grafiken und Abbildungen modernster Tauchausrüstung bietet dieses Lehrbuch alles, was man für die Erlangung der Deutschen Tauchsportabzeichen und wichtigsten Spezialkurse braucht.

T. Kromp | H. Roggenbach | P. Bredebusch
Praxis des Tauchens
ISBN 978-3-667-11366-5

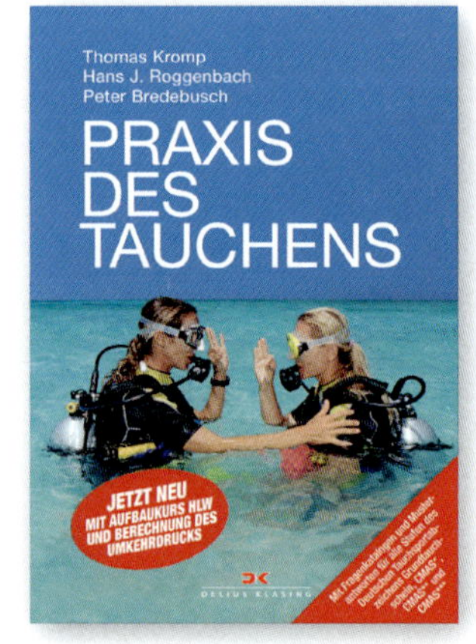

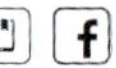

FÜR EINSTEIGER

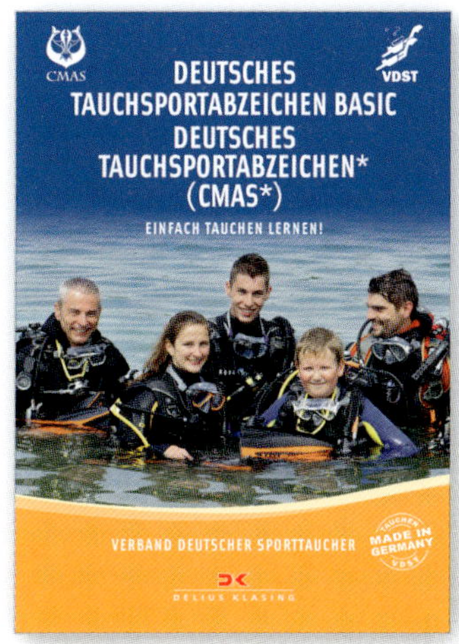

Dieses Lehrbuch bietet Informationen zu allen Wissensgebieten, die Einsteiger erlernen müssen, um erfolgreich eine Tauchausbildung zu absolvieren und die abschließenden Prüfungen bis zum CMAS* zu bestehen. Umfassend illustriert und didaktisch aus der Erfahrung von Tausenden von Tauchausbildungen aufgebaut, ist dies das offizielle Lehrbuch des Verbandes Deutscher Sporttaucher e.V. (VDST).

Deutsches Tauchsportabzeichen Basic /
Deutsches Tauchsportabzeichen * (CMAS*)
Einfach tauchen lernen
ISBN 978-3-667-11718-2

Tauchgänge nachweisen – das Pflichtenheft für Taucher:

- wichtigen Daten wie Tauchtiefe, Tauchpartner, Tauchzeit und Tauchgangsnummer
- ausgelegt für rund 100 Tauchgänge
- das müssen Taucher wissen: die 10 Goldenen Regeln des Tauchsports
- Info-Seiten mit allen wichtigen Tauchzeichen, Notfallnummern und einen Notfallplan

Logbuch für Taucher
ISBN 978-3-667-11855-4

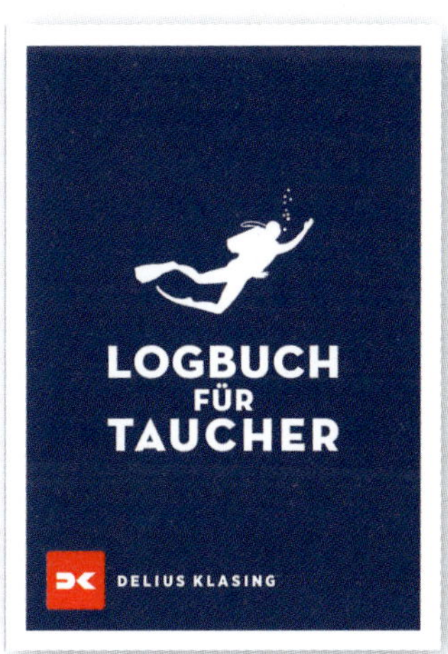

APNOE

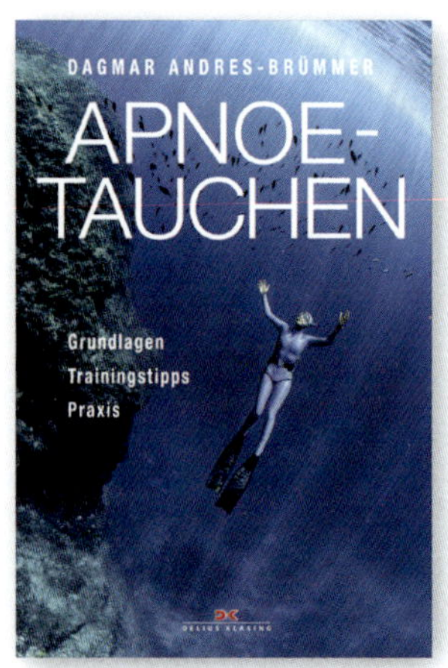

Die Anleitung für alle, die nur mit Maske, Schnorchel und Flossen abtauchen wollen. Nicht die Rekordjagd steht hier im Vordergrund, sondern die sinnvolle Steigerung der eigenen Fitness und Beweglichkeit im und unter Wasser. Da Apnoe-Tauchen gemeinsame Grundlagen mit dem Schnorcheln hat, hilft es auch dem Schnorchler, seine Ausflüge in noch mehr Einklang mit der Natur zu genießen.

Dagmar Andres-Brümmer
Apnoetauchen
Grundlagen - Trainingstipps - Praxis
ISBN 978-3-7688-3921-1

Nik Linder und Phil Simha erklären in diesem Buch das Apnoe-Tauchen und geben Tipps, wie Sie ins Apnoetauchen einsteigen und Ihre Ausdauer beim Freitauchen trainieren können. Mit Vorwort von Apnoe-Weltmeister und Weltrekordhalter Guillaume Néry und QR-Codes zu 20 informativen Videos.

Nik Linder | Phil Simha
Apnoe
Techniken, Geheimnisse und Lifestyle des Freediving
ISBN 978-3-667-10664-3

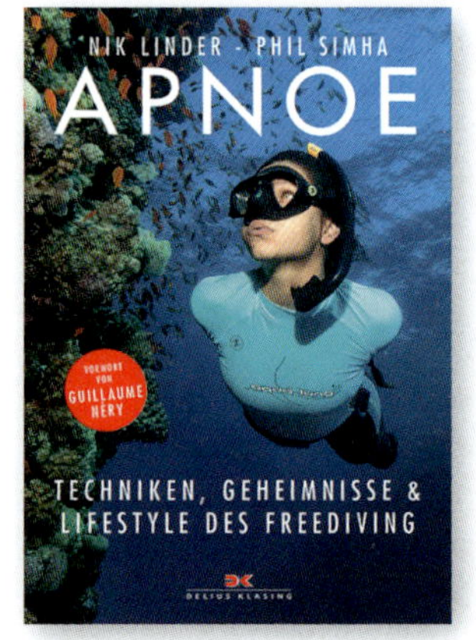

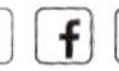